PREGUE POR UM ANO #4

Livros de autoria de Roger Campbell

Pregue por um Ano # 1
Pregue por um Ano # 2
Pregue por um Ano # 3
Pregue por um Ano # 4
Pregue por um Ano # 5
Pregue por um Ano # 6

PREGUE POR UM ANO #4

104 Esboços de Sermões

Dois esboços completos para cada Domingo do ano

Roger Campbell

Proclamação

Título Original: Preach for a Year #4
Edição Publicada pela Kregel Publications, Inc. ©
EUA - 1988, por Roger F. Campbell

Supervisão Editorial: João Carlos Conovalov
Tradução: Pr. Pedro Volvchenko
Revisão: Carla Romanelli e Alessandro de Paula
Capa: Roger Conovalov
Diagramação: André Barbosa

As citaçõs bíblicas foram extraídas da versão brasileira:
A Bíblia Sagrada (Antigo e Novo Testamento), Traduzida em português por
João Ferreira de Almeida, Revista e Atualizada no Brasil - SBB 2a Edição.

Dados Internacionais de Catalogação na Publicação (CIP)
(Câmara Brasileira do Livro, SP, Brasil)

Campbell, Roger F.
Pregue por um Ano: volume 4/ Roger F. Campbell; tradução de Pr. Pedro Volvchenko - São Paulo - Editora Proclamação Ltda - 2022

Tradução de: Preach for a Year #4
ISBN: 978-85-5849-185-3

1. Teologia 2. Sermões 3. Vida Cristã CDD 613.83

Editora de Distribuidora Proclamação LTDA
Rua Catequese, 33. Bairro Jardim
CEP: 09090-400 - Santo André - SP.

e-mail: livrariaverdevale@hotmail.com
www.editoraproclamacao.com.br

Ao reverendo Terry Walker, meu pastor e amigo,
que chegou no céu antes de mim.

SUMÁRIO

ABRIL

MAIO

JUNHO

JULHO

AGOSTO

SETEMBRO

OUTUBRO

NOVEMBRO

DEZEMBRO

QUINTOS DOMINGOS

INTRODUÇÃO

Quando encontrei Terry Walker, ele era um visitante na classe da Escola Bíblica Dominical para casais que eu lecionava na igreja onde tornei-me pastor recentemente. Naquele tempo, Terry dirigia o ministério jovem constante da maior área de Detroit, e já tinha dirigido o ministério jovem em outros estados antes de voltar para casa. Naquele domingo Terry era apenas um outro rosto na classe. Quem teria pensado que algum dia ele se tornaria meu pastor?

Mais de vinte anos depois da visita de Terry Walker à minha classe na Escola Bíblica Dominical, Pauline e eu visitamos a igreja onde ele era o pastor. Eu não tinha percebido porque essa congregação tinha crescido de um punhado para centenas.

Embora a liderança da igreja tenha uma importante função, foi a pregação do pastor Terry Walker a chave desse crescimento.

Por que a pregação do pastor Terry foi tão efetiva? Creio que há quatro razões básicas: seu amor pelas pessoas, sua sensibilidade humana, seu senso de humor e sua pesquisa contínua da Bíblia para desenvolver um andar com o Senhor sempre íntimo.

As pessoas dirigiam-se para a igreja do pastor Terry porquanto seriam aceitas, amadas, e encontravam-se no mesmo nível.

Sabiam que, não importava quão difícil a semana tivesse sido, esse pastor teria algo para compartilhar que lhes permitiria sorrir novamente. Mas, acima de tudo, sabiam que foram ouvir um homem que não poderia comunicar a verdade de Deus a menos que a tivesse vivido diariamente.

Nesta semana, o pastor Terry partiu para o céu. É por isso que dediquei à sua memória *Pregue por um Ano #4*. Recomendo a você pregar estes sermões com um sincero amor pelas pessoas e pelo Senhor, o qual ele demonstrou a cada semana. Nestes dias difíceis, precisamos do todo tipo de pregação que possamos obter.

Roger Campbell

EVANGELISMO: TEMA PARA O ANO

II Tim. 4:5

I. INTRODUÇÃO

A. "EVANGELISMO; "QUE PALAVRA OPORTUNA!

1. Refere-se à obediência da Grande Comissão (Mat. 28:18-20)
2. Refere-se a raptar pecadores do inferno
3. Refere-se ao crescimento de igrejas

B. EVANGELISMO EXIGE TRABALHO

1. Como o evangelismo poderia envolver cada membro da igreja?
2. Como isso convoca para acabar com o cristianismo espectador?
3. Como podemos fazer a obra de evangelismo?

II. CORPO DO SERMÃO

A. PREGUEMOS O EVANGELHO

1. O que é evangelho? (I Cor. 15:3-4)
   a. Cristo morreu por nossos pecados de acordo com as Escrituras
   b. Cristo foi sepultado e ressuscitou de acordo com as Escrituras

2. Não há nada melhor do que o evangelho.
   a. O evangelho é melhor do que a ação social
   b. O evangelho é melhor do que o envolvimento político
   c. O evangelho é melhor do que o ritual religioso

3. Devemos pregar com nossas vidas e nossos lábios
4. Devemos pregar do púlpito nas nossas praças ou no serviço
5. Devemos pregar pelo nosso testemunho e nosso comportamento

B. INSISTAMOS COM OS PECADORES

1. Esquecemos de que os pecadores vão para o inferno?

2. Importamo-nos? Deus se importa (II Pe. 3:9)

   a. *A cruz proclama: Deus se importa acerca dos pecadores que estão indo para o inferno*

   b. *Essa mensagem urgente deve ter prioridade novamente*

C. PREPAREMOS OS SANTOS (Ef. 4:12)

1. Que os santos sejam treinados pelos evangelistas, pastores e professores

2. Por que treinar os santos?

   a. *Para fazer o serviço cristão*

   b. *Para motivá-los a ganhar almas*

   c. *Para equipá-los a discipular novos convertidos*

D. LANCEMOS A REDE

1. Todos os crentes devem ser pescadores de almas (Mat. 4:19)

   a. *Um pescador deve esperar apanhar peixe*

   b. *Devemos dar oportunidade às pessoas para aceitar Cristo*

2. Como laçaremos a rede?

   a. *Lancemos a rede com cuidado e com oração*

   b. *Lancemos a rede dirigidos pelo Espírito Santo*

   c. *Lancemos a rede repetidas vezes e com expectativa*

III. CONCLUSÃO

A. O EVANGELISMO TORNARÁ A IGREJA FERVOROSA

B. O EVANGELISMO UNIRÁ OS CRENTES

C. O EVANGELISMO EXIGIRÁ UMA CONVOCAÇÃO A UM NOVO COMPROMISSO

CEIA DO SENHOR E EVANGELISMO

Mat. 26:17-29

I. INTRODUÇÃO

A. JESUS CELEBRA A PÁSCOA (v. 17-25)

1. Cristo celebra a libertação de Israel do cativeiro (Ex. 12)

2. Cristo representou nossa libertação do pecado pelo sangue do Cordeiro (I Pe. 1:18-19)

3. Cristo, o Cordeiro de Deus, tornou-se nossa Páscoa (I Cor. 5:7)

B. JESUS CELEBRA A PRIMEIRA CEIA DO SENHOR

1. A última refeição tornou-se a primeira Ceia do Senhor
   a. Ele celebrou a última refeição com seus discípulos
   b. Hoje celebramos aquela mesma refeição

2. O que a Ceia do Senhor tem a ver com o evangelismo?

II. CORPO DO SERMÃO

A. O PÃO LEMBRA-NOS SEU CORPO (v. 26)

1. O nascimento humilde em Belém onde Ele tomou um corpo (Filip. 2:5-7)

2. Seu corpo é o veículo do seu ministério terreno
   a. Ele experimentou fadiga, fome e tentação
   b. Ele abriu seus braços aos necessitados e perdidos

3. Seu corpo foi moído e ensanguentado por nossa redenção (Is. 53)
   a. O açoitamento de Jesus (Mat. 27:26)
   b. A multidão zombou e cuspiu nele (v. 29-30)
   c. A coroa de espinhos, os pregos e a crucificação (v. 29)

4. A quantos pecadores você falou do seu amor nesta semana?

B. O CÁLICE LEMBRA-NOS SEU SANGUE (v. 27-28)

1. Seu sangue é "o sangue do Novo Testamento" (v. 28)
   a. Todos os sacrifícios do V.T. apontavam para a cruz
   b. O cumprimento dos tipos redentivos foi observado sob a vigência da lei
2. Seu sangue provê remissão de pecados
   a. Deus ama os pecadores (Rom. 5:8)
   b. Os pecadores podem ser justificados pelo seu sangue (Rom. 5:9)
3. Seu sangue purifica completamente (I João 1:7-9)
4. Seu sangue precioso redime os pecadores (I Pe. 1:19)
5. Anunciemos as notícias boas

C. O PÃO E O CÁLICE LEMBRAM-NOS DA ESPERANÇA (v. 29)

1. A Ceia do Senhor aponta adiante para o retorno de Cristo
   a. "No reino de meu Pai"
   b. Paulo: Ceia do Senhor até que Ele venha (I Cor. 11:26)
2. A Ceia do Senhor deveria lembrar-nos da brevidade do tempo
   a. Devemos ganhar almas enquanto há tempo
   b. Hoje é o dia de salvação (II Cor. 6:2)
3. Permitamos que cada Ceia do Senhor motive-nos para o evangelismo

III. CONCLUSÃO

A. TRÊS CONVOCAÇÕES AO EVANGELISMO EM CADA CULTO DA CEIA DO SENHOR

1. O pão, o sangue e a esperança abençoada
2. A urgência adicionada da necessidade de ganhar almas

B. FALARÁ VOCE DE JESUS A ALGUÉM ANTES DA PRÓXIMA CEIA DO SENHOR?

ENTRA NA ARCA

Gên. 7:1-7

I. INTRODUÇÃO

A. APRESENTANDO A SÉRIE: CONVITES BÍBLICOS

1. Deus chama as pessoas a si mesmo
2. Seus convites são encontrados por toda a Bíblia

B. OS CONVITES DE DEUS: APELOS DE AMOR

C. O PRIMEIRO CONVITE NA BÍBLIA

1. O dilúvio está prestes a começar

2 "Entra na arca, tu e toda a tua casa" (v. 1)

II. CORPO DO SERMÃO

A. UM CONVITE PARA SOBREVIVER AO DILÚVIO

1. A iniquidade do tempo de Noé (6:5)
   - *a. Maldade em seus pensamentos*
   - *b. Corrupção em suas decisões morais*
   - *c. Violência na conduta um com o outro*

2. O julgamento que seguiu-se à iniquidade (6:7)
   - *a. A destruição é determinada contra o iníquo*
   - *b. O salário do pecado é a morte (Rom. 3:23)*

3. A graça que Noé encontrou aos olhos do Senhor (6:8)
   - *a. A graça foi oferecida a um homem diante do julgamento*
   - *b. A graça ainda é oferecida ao povo pecador*
   - *c. A graça é um favor de Deus imerecido*

B. UM CONVITE PARA DAR UM PASSO DE FÉ

1. Noé é convidado para entrar na arca (7:1)
   a. Isso exigiu um passo de fé
   b. Noé construiu a arca pela fé (Hebr. 11:7)
   c. Agora ele deveria entrar nela para ser salvo do Dilúvio
2. A salvação de Noé foi pela graça mediante a fé
   a. Nossa salvação é pela graça mediante a fé (Ef. 2:8-9)
   b. Noé foi salvo da ira de Deus no Dilúvio
   c. Somos salvos da ira pela fé em Cristo (João 3:36)

C. UM CONVITE PARA TODA A FAMÍLIA DE NOÉ

1. Deus disse: "e toda a tua casa"
2. Deus quer que famílias inteiras sejam salvas (At. 16:30-31)
   a. Ele quer um círculo contínuo
   b. Sua fidelidade é para todas as gerações (Salmo 119:90)
3. Nossa tarefa mais importante é levar nossas famílias a Cristo
   a. Isso pode ser difícil
   b. Deus nos dará sabedoria e poder para fazê-lo

III. CONCLUSÃO

A. COMO RESPONDEREMOS A ESSE CONVITE?

B. ACEITAREMOS O CONVITE DE DEUS PARA VIR A ELE PELA FÉ

C. O QUE ESTAMOS FAZENDO PARA TER CERTEZA QUE NOSSAS FAMÍLIAS ESTÃO SALVAS?

1. A tempestade aproxima-se
2. Todos os teus queridos estão na Arca?

VAI CONOSCO

Num. 10:29

I. INTRODUÇÃO

A. UM CONVITE DA PARTE DE MOISÉS

1. Um convite a um membro de sua família
2. Um convite para ir para a Terra Prometida

B. UM CONVITE APROPRIADO PARA A IGREJA FAZER

1 "Vai conosco e te faremos bem"

2. Todos precisam ouvir esse convite

II. CORPO DO SERMÃO

A. QUEM FEZ ESSE CONVITE?

1. Aqueles que estavam caminhando para uma terra melhor
   a. Israel tinha sido libertado da escravidão no Egito
   b. Estava sendo dirigido para a Terra Prometida
   c. Os cristãos são guiados para o céu (João 14:1-3)
2. A Terra Prometida foi uma dádiva de Deus
   a. O Senhor disse: "Eu a darei a vocês"
   b. Era uma possessão futura de escravos anteriores

3.O céu é uma dádiva preparada para o povo de Deus
   a. "Vou preparar-vos lugar" (14:3)
   b. Escravos do pecado anteriores são agora cidadãos do céu (Filip. 3:20)
   c. O dom da vida eterna inclui o dom do céu (Rom. 6:23)

B. QUEM RECEBEU ESSE CONVITE?

1. Esse convite foi feito a uma pessoa a quem Moisés amava: Hobabe
   a. Ele fazia parte da família
   b. Moisés queria que ele participasse nas bênçãos futuras
   c. Moisés tinha um plano para ele, um serviço na jornada (v. 31)

2. Esse convite foi dado para alguém que seria ajudado, se o aceitasse

a. "Venha conosco e te faremos bem"

b. Aqui estava um desejo honesto de fazer bem a outra pessoa

3. Deus se preocupa com cada pessoa do nosso relacionamento

4. Todo aquele que aceita nosso convite para a salvação receberá boas coisas

a. Eles caminharão conosco para o céu

b.Eles participarão das bênçãos de Deus conosco ao longo do caminho

C. QUEM GARANTIU ESSE CONVITE?

1. "O Senhor falou bem acerca de Israel."

2. Moisés recebeu do Senhor as promessas para Israel

a. Ele as recebeu junto da sarça ardente (Ex. 3-4)

b. O futuro de Israel estava tão seguro quanto as promessas de Deus

3 O Senhor garante nossa oferta da salvação

a. Ele promete salvar todos quantos vêm a Ele (Hebr. 7:25)

b. Ele promete guardá-los por todo o caminho (I João 5:13)

III. CONCLUSÃO

A. ESTENDAMOS ESSE CONVITE A TODOS DO NOSSO RELACIONAMENTO

B. PERMITA QUE TODOS SAIBAM QUE DEUS AMA-OS E DESEJA FAZER-LHES BEM

VINDE E SEDE PURIFICADOS

Is. 1:18

I. INTRODUÇÃO

A. QUÃO ESTRANHO É DEUS CONVIDAR PESSOAS PARA VIREM A ELE!

1. Alguém poderia pensar que deveríamos bater à porta dele
2. Deus procura-nos antes de o procurarmos (Luc. 19:10)

B. ISAÍAS CONCLAMOU AS PESSOAS PARA VIREM SER PURIFICADAS

1. Um convite oportuno
2. Um convite que ainda é oferecido

C. QUAL É O CONTEÚDO DO CONVITE?

II. CORPO DO SERMÃO

A. UM CONVITE À RAZÃO NUM TEMPO DE IRRACIONALIDADE

1 "Vinde, pois, e arrazoemos"

2. A nação de Isaías estava em perturbação profunda
3. As pessoas haviam se rebelado contra o Senhor (1:2-4)
   a. Elas escolheram não pensar sobre Deus (v. 3)
   b. A prática do pecado era desenfreada; a corrupção tornou-se total (v. 4)
4. Os obstinados não reagiram nem ao castigo (v. 5)
5. Eram pessoas completamente enfermas pelo pecado (v. 6)
6. Crime e violência caracterizavam aquela época
7. A rebelião não fez sentido em vista das bênçãos de Deus
8. Contudo, Deus os convidava a virem a Ele e juntos raciocionarem
9. Grandioso amor!

B. UM CONVITE DA PARTE DE DEUS PARA UM TEMPO DE IMPIEDADE

1. A iniciativa é "diz o Senhor"
2. Deus chama aqueles que o abandonaram (1:4)
   a. Pessoas que rejeitaram seu caminho e sua Palavra
   b. Pessoas que entristeceram e provocaram seu Espírito Santo
3. Tais pessoas relembram a Isaías os de Sodoma e Gomorra (v. 9-10)
   a. Pouquíssimos justos dentre eles foram preservados da destruição
   b. Isaias denomina-os cidadãos daquelas cidades ímpias
4. Até as festas deles eram abominação ao Senhor
5. Contudo, Deus insiste em convidá-los a virem e serem purificados

C. UM CONVITE PARA A PURIFICAÇÃO NUM TEMPO DE PECAMINOSIDADE

1. Esse é um convite para ser perdoado
   a. De vermelho escarlate para um branco como a neve
   b. Do carmim vermelho para o branco como a lã
2. Esse foi o desejo do coração de Davi após seu pecado (Salmo 51:7)
   a. "Purifica-me com hissopo e ficarei limpo"
   b. "Lava-me e ficarei mais alvo do que a neve"
3. Deus socorre os pecadores onde estão e purifica-os

III. CONCLUSÃO

A. DEUS AINDA ESTÁ CHAMANDO O DESARRAZOADO E O ÍMPIO

B. ELE PERDOARÁ E PURIFICARÁ TODO AQUELE QUE A ELE VEM

C. O SANGUE DE CRISTO AINDA TRANSFORMA CULPADOS EM PURIFICADOS (I João 1:9; Apoc. 1:5)

D. NÃO É RAZOÁVEL CORRESPONDER AO SEU CONVITE?

VINDE E FIQUEM SATISFEITOS

Is. 55:1-2

I. INTRODUÇÃO

A. ISSO É UMA PREPARAÇÃO PARA UM GRANDE CONVITE (Is. 54)

1. Um capítulo de conforto e fé
    a. Cantai, rompei em cântico (v. 1)
    b. Aguardai bênçãos maiores (v. 3-4)
    c. Não temais (v. 4-10)
2. Um capítulo garantindo proteção (v. 11-17)

B. AGORA ESTAMOS SENDO PREPARADOS PARA UM CONVITE DE TRANSFORMAÇÃO DE VIDA

1. Vinde e satisfazei vossa sede
2. Vinde e satisfazei vossa fome
3. Vinde e satisfazei vossa alma

II. CORPO DO SERMÃO

A. VINDE E SATISFAZEI VOSSA SEDE (v. 1)

1. A sede é comum a todos
    a. Todos entendemos esse desejo
    b. Ficamos com sede especialmente no calor
2. A sede refere-se aos profundos desejos internos
3. Muitas pessoas fazem esforços vãos para satisfazer a sede humana
    a. Dinheiro, posses, posição ou prestígio
    b. Alcoolismo, outras drogas, prazer ou orgulho
4. Nosso Senhor convida-nos a vir e beber água viva (João 4)
5. "Em Isaías a água é metáfora comum para a graça divina" *(The Pulpit Commentary)*

B. VINDE E SATISFAZEI VOSSA FOME

1. A fome alerta-nos para a necessidade de alimento nutriente
2. A fome espiritual clama pelo Pão da Vida
3. Bênçãos são prometidas aos que têm fome espiritual (Mat. 5:6)
4. Esforços humanos falham para satisfazer a fome espiritual
5. Somente Jesus satisfaz esse apetite interno

C. VINDE E SATISFAZEI VOSSA ALMA (v. 2)

1. "E deleitai-vos com a gordura"
2. As pessoas procuram a satisfação da alma
   a. Gastando dinheiro com o que não é pão
   b. Trabalhando por coisas que não satisfazem
3. "Comei o que é bom"
   a. A satisfação da alma vem através da fé em Cristo
   b. Todos os outros meios de satisfação são falsificações

III. CONCLUSÃO

A. TODOS ESTAMOS CONVIDADOS PARA UM BANQUETE

1. Água para mitigar nossa sede
2. Alimento nutriente para satisfazer nossa fome
3. Alimento espiritual para satisfazer a alma

B. TODOS ESTAMOS CONVIDADOS PARA UM BANQUETE

1. Jesus pagou-o completamente
2. Que todos os famintos e sedentos venham a Ele e sejam satisfeitos

VINDE E RETORNEMOS AO SENHOR

Oseias 6:1-2

INTRODUÇÃO

A BÍBLIA - UM LIVRO DE CONVITES

1. O primeiro convite na Bíblia está em Gen. 7:1
2. O último convite na Bíblia está em Apocalipse 22:17
3. Alguns convites são da parte de Deus e outros da parte do homem

B. UM CONVITE DE UM PROFETA AO SEU POVO

1. Oseias chama seu povo para retornar ao Senhor
2. É um chamado a um avivamento pessoal e nacional
3. Precisamos de um chamado ao avivamento atualmente

C. CONSIDERANDO O CONVITE DE OSEIAS

II. CORPO DO SERMÃO

A. UM CONVITE PARA AQUELES QUE CONHECERAM A INTIMIDADE DO SENHOR

1. "Vinde, retornemos".
   - *a. "Retornar" revela que tinha havido um tempo melhor*
   - *b. Fora um tempo de comunhão íntima com o Senhor*

2. Você se lembra de um dia melhor?
   - *a. Um tempo quando Cristo parecia mais íntimo do que hoje?*
   - *b. Um tempo quando a alegria do Senhor era mais real?*
   - *c. Um tempo quando a oração era mais significativa?*
   - *d. Um tempo quando os cultos eram mais fervorosos?*
   - *e. Um tempo quando você se importava mais com as almas?*

3. Esses crentes deixaram seu primeiro amor pelo Senhor

a. Semelhante a igreja em Éfeso (Apoc. 2:1-5)

b. Igual a muitos crentes atualmente

B. UM CONVITE PARA AQUELES QUE RECEBERAM O CASTIGO DO SENHOR

1. "Ele despedaçou e nos sarará"

a. Essas palavras severas são referentes à obra de Deus

b. Por que Deus traria aflição aos seus filhos?

2. Ele disciplina aqueles a quem ama (Hbr. 12:5-6)

3. O pecado tornou-se um estilo de vida desse povo (4:1-2)

4. Você está brincando com a tentação? Cedendo ao seu apelo?

5. Então você está vivendo perigosamente. Retorne para o Senhor!

C. UM CONVITE AOS APÓSTATAS PARA VOLTAREM AO SENHOR

1. "Vinde... Ele nos sarará... Ele nos restaurará"

2. Que notícias boas: Deus nos ama apesar da nossa apostasia

a. Ele nos reavivará

b. Ele nos ressuscitará

c. Viveremos diante dele

3. Retorne para o Senhor enquanto você tem tempo para responder ao seu convite

III. CONCLUSÃO

A. CRISTO FOI LACERADO E FERIDO POR NÓS (Is. 53)

B. CRISTO RESSUSCITOU E VIVE PARA REVIVER-NOS

C. CRISTO RESSUSCITOU E RESTAURARÁ NOSSA ALMA (Salmo 23)

VINDE E DESCANSAI

Mat. 11:28-30

INTRODUÇÃO

A. NOSSO SENHOR CONVIDATIVO

1. Seus convites são expressões do seu amor
2. Eles são extensivos tanto a santos como a pecadores

B. O PRIMEIRO CONVITE NO N.T.

1. Um convite para os cansados
2. Um convite para encontrar descanso

II. CORPO DO SERMÃO

A. UM CONVITE AO DESCANSO FÍSICO (v. 28)

1. O convite é para "todos os que trabalham"
2. Jesus identifica-se com as pessoas no trabalho
   a. Ele reconhece as longas horas de trabalho árduo
   b. Ele referiu-se aos semeadores, pastores, pescadores etc.
   c. Ele escolheu homens do trabalho árduo para seus discípulos
3. Está você cansado, tentando descobrir forças para continuar?
   a. Jesus compreende e se importa
   b. Ele oferece força para você (Is. 40:31; Filip. 4:13)
4. Aqueles que vão a Jesus encontram descanso
   a. Encontram força no culto
   b. Têm refrigério, descansando nele

B. UM CONVITE AO DESCANSO EMOCIONAL (v. 28)

1. O convite é para aqueles que estão "sobrecarregados"
2. Fardos emocionais drenam nossa força

a. Preocupação torna-nos cansados
b. Ansiedade rouba-nos energia

3. Aqueles que estão sobrecarregados com encargos encontram descanso em Cristo, o solucionador de problemas

a. Lançamos sobre Ele nossa ansiedade (I Pe. 5:7)
b. Ele dá paz quando estamos aflitos (João 14:27)
c. Sua paz guarda nossos corações (Filip. 4:6-8)
d. Sua graça é suficiente para todas as nossas necessidades (II Cor. 12:9)

C. UM CONVITE AO DESCANSO EMOCIONAL (v. 29)

1. A promessa é "encontrareis descanso para vossas almas"
2. Nossas almas nunca descansam até que descansem nele
3. Esforços humanos para o descanso da alma:

a. Tentamos obras, ritual religioso e busca da perfeição
b. Fazemos esforços para guardar a lei
c. Tudo isso traz exaustão espiritual

4. Somente Cristo traz descanso da alma:

a. Note os pronomes referentes ao descanso (mim, Eu, meu, mim, meu, meu)
b. O descanso não vem pelas obras ou ritual, mas pela fé (Ef. 2:8-9)

III. CONCLUSÃO

A. VINDE A JESUS E ENCONTRAI NELE COMPLETO DESCANSO

B. AQUELES QUE ESTÃO UNIDOS COM CRISTO PELA FÉ TÊM PRAZER EM SERVI-LO

DEIXAI AS CRIANÇAS VIREM

Mat. 19:13-15

INTRODUÇÃO

A. É REALMENTE IMPORTANTE A EVANGELIZAÇÃO DE CRIANÇAS?

1. As crianças podem ser barulhentas na igreja
2. As crianças requerem programas adequados
3. As crianças não ofertam muito dinheiro

B. POR QUÊ, ENTÃO, TENTAR ALCANÇAR CRIANÇAS?

1. O amor de Deus por todos (João 3:16)
2. O preço da cruz (Rom. 5:8)
3. O convite de Jesus (Mat. 19:13-15)

II. CORPO DO SERMÃO

A. SEMPRE HAVERÁ AUXILIARES EM ALCANÇAR CRIANÇAS (v. 13)

1. Houve pessoas que trouxeram crianças a Jesus
2. Contudo, ainda há pessoas impacientes para trazer crianças a Jesus
   - *a. Pais amorosos trazem os filhos a Jesus*
   - *b. Obreiros jovens dedicados trazem crianças a Jesus*
   - *c. Motoristas de ônibus e professores de E.B.D. trazem crianças a Jesus*
3. Muitas pessoas na igreja mostram o amor de Deus pelas crianças

B. SEMPRE HAVERÁ OBSTÁCULOS PARA ALCANÇAR CRIANÇAS (v. 13)

1. "Mas os discípulos os repreenderam" (desviaram-nas)
   - *a. Eles acharam que Jesus estava demasiado ocupado*
   - *b. Eles achavam que os adultos eram mais importantes*
   - *c. Eles subestimaram o amor de Cristo*

2. Muitas pessoas ainda fazem vista grossa diante das necessidades das crianças

3. Tais pessoas falham em reconhecer o potencial numa criança

   a. *Uma criança tem toda uma vida para dar a Jesus*

   b. *Cada criança é alguém por quem Cristo morreu*

   c. *As pessoas convertidas quando crianças são semelhantes àquelas de tempo integral*

4. As pessoas que impedem as crianças são diferentes de Jesus

C. *SEMPRE HAVERÁ ESPERANÇA PARA TODAS AS CRIANÇAS (v. 14-15)*

   a. *Ele valorizou-as altamente*

   b. *Ele não estava ocupado demais para elas*

2. Jesus disse a seus discípulos: "Não as impeçais"

   a. *Jesus disse a seus discípulos para permitir às crianças virem a Ele*

   b. *Ninguém deveria proibir as crianças de virem a Ele*

3. Jesus disse: "Das tais é o reino dos céus"

   a. *Todos devemos vir a Jesus pela fé humilde*

   b. *Cada criança deve lembrar-nos da simplicidade do evangelho*

4. Jesus impôs suas mãos sobre as crianças

5. Jesus orou pelas crianças

III. CONCLUSÃO

A. *QUEM VIRÁ A JESUS COM A FÉ DE UMA CIRANÇA?*

B. *QUEM EMPREGARÁ TEMPO E ESFORÇO PARA TRAZER CRIANÇAS A JESUS?*

UM CONVITE DESAFIADOR

Mc. 8:34-37

I. INTRODUÇÃO

A. ESPÉCIES DIFERENTES DE CONVITES

1. Convites para a salvação
   a. *Todos precisamos desse convite (Rom. 3:23)*
   b. *Todos podemos aceitar esse convite (Rom. 5:8; 10:9, 13)*
2. Convites para achar alívio (Mat. 11:28)
3. Convites para orar em tempos de carência (Jer. 33:3)

B. EIS UM CONVITE DESAFIADOR

1. Um convite para discipulado
2. Um convite para calcular o preço
3. Um convite para sofrimento, privação e até martírio

C. A QUE SE REFERE ESSE CONVITE DESAFIADOR?

II. CORPO DO SERMÃO

A. UM DESAFIO PARA NEGAR A SI MESMO

1. "Negue-se a si mesmo"
2. Esse não é um desafio fácil de aceitar
   a. *Todos somos propensos a ser o número um*
   b. *Mesmo os discípulos aspiraram posições elevadas (Mc. 10:35-40)*
3. O discipulado exige conceder a Cristo o primeiro lugar
   a. *"Buscai primeiro o reino de Deus" (Mat. 6:33)*
   b. *Cristo deve ter a preeminência (Col. 1:17-18)*
4. Quem está no trono da tua vida?
5. Quem tem o primeiro lugar, o eu ou o Salvador?

B. UM DESAFIO PARA SUBMISSÃO COMPLETA

1. "Tome a sua cruz"
2. A cruz é acerca da morte
   - *a. Jesus acabara de revelar sua morte logo adiante (v. 31)*
   - *b. Pedro contradisse sua mensagem (v. 32)*
   - *c. Ele ainda não entendia o plano divino de redenção*
3. Tomar a cruz significa submissão completa
   - *a. Cristo submeteu-se à cruz para salvar-nos*
   - *b. Devemos nos submeter a Ele em tudo*
4. O que você está escondendo do seu Senhor?

C. DESAFIO PARA SEGUIR NOSSO SALVADOR

1. "...e siga-me".
2. Somente os salvos podem seguir Jesus
   - *a. O Espírito Santo residente torna isso possível (João 14:17)*
   - *b. Ele capacita-nos a cumprir o senhorio de Cristo*
3. O seguir a Cristo pode levar a lugares difíceis
4. Isso é o que significa discipulado

III. CONCLUSÃO

A. O ACEITAR ESSE CONVITE DESAFIADOR É QUE FAZ A VIDA VALER A PENA

B. AO REJEITÁ-LO PERDEMOS O MELHOR DA VIDA (v. 35)

C. VOCÊ ACEITARÁ OS DESAFIOS DO DISCIPULADO

VINDE E VEREIS

João 1:35-42

I. INTRODUÇÃO

A. A DECLARAÇÃO REVELADORA DE JOÃO

1. “Eis o Cordeiro de Deus!” (v. 36)
2. Dois dos discípulos de João partiram, seguindo o Cordeiro (v. 37)

B. DOIS DISCÍPULOS CURIOSOS (v. 37-38)

1. A pergunta do Senhor: “Que buscais?”
2. André e seu colega chamaram Jesus de “Rabbi/Mestre”
3. Eles queriam saber onde Jesus morava.

C. O CONVITE DO SENHOR A TODOS: "VINDE E VEREIS"

II. CORPO DO SERMÃO

A. VINDE E VEREIS E CONFIAI NELE HOJE (v. 38-39)

1. A declaração de João apontou o caminho
   - *a. Eles concluíram que aquele Jesus era o das profecias*
   - *b. Esse foi o motivo porque seguiram-no*
   - *c. Esse foi o motivo porque queriam saber mais acerca dele*
2. Deus sempre tem a pessoa-chave para indicar a outros o Cordeiro de Deus
   - *a. Felipe e o eunuco etíope (At. 8:26-40)*
   - *b. Pedro e Cornélio (At. 10)*
3. Quem foi o responsável por você estar hoje aqui?
4. Considere Jesus por quem é Ele (o Salvador) e confie nele para salvar-te
5. Igual ao salmista, você encontrará nele tudo o que precisa (34:9)

B. VINDE E VEREIS E VÃO QUERER PERMANECER COM ELE (v. 39)

1. "Eles foram... e permaneceram com Ele aquele dia"

2. Quão preciosas as horas quando estiveram com Jesus!

a. Eles não queriam partir

b. Cada dia com Jesus é melhor que o anterior

3. Pedro, Tiago e João estiveram no Monte da Transfiguração (Mt. 17:1-5)

a. Ele tiveram um relance da glória de Cristo

b. Eles queriam tão somente permanecer ali (v. 4)

4.Você ficará admirado porque perdeu tempo no mundo

5. Como Paulo, você considerará como prejuízo todas as outras coisas por Cristo (Filip. 3)

C. VINDE E VEREIS E MOSTRAREIS O CAMINHO A OUTROS (v. 40-42)

1. André não conseguia guardar para si essas boas novas

2. Foi procurar primeiro seu irmão, Simão Pedro, para contar as boas novas

a. "Encontramos o Messias... o Cristo"

b. Notícias como essas devem ser compartilhadas

c. Ele trouxe Pedro a Jesus

3. Quem trouxe você a Jesus?

4. O primeiro convertido de André alcançaria milhares outros para Cristo

5. Seja um André; conte a outros acerca do teu Salvador

III. CONCLUSÃO

A. A FÉ EM CRISTO DEVE SER PESSOAL

B. JESUS É TUDO O QUE VOCÊ PRECISA

C. VINDE E VEREIS

VINDE E SEDE SALVOS

João 6:37

I. INTRODUÇÃO

A. O TEXTO PREFERIDO DE D. L. MOODY

1. Um texto no qual ele encontra segurança
2. Um texto que o fez sentir-se seguro

B. UM CONVITE DE TERNURA

1. Tão somente venha a Jesus
2. Ele não te desprezará

C. PORQUE CRER NESTE TEXTO TRAZ SENSAÇÃO DE SEGURANÇA

II. CORPO DO SERMÃO

A. VIR A JESUS É RECEBÊ-LO

1. "Aquele que vem a mim"
2. Nada de complicado há nesse convite
   a. Nada acerca de cerimônias religiosas
   b. Nada acerca de boas obras
   c. Nada acerca de ofertar dinheiro
3. Receber a Cristo é colocar fé nele
   a. Ficamos conscientes de nossa condição pecaminosa (Rom. 3:10-23)
   b. Compreendemos que não podemos salvar-nos a nós mesmos (Tito 3:5)
   c. Paramos de tentar merecer o favor de Deus (Ef. 2:8-9)
   d. Confiamos no Senhor Jesus Cristo como Salvador pessoal (João 1:12)
4. Devemos vir a Jesus agora

B. VIR A JESUS É SER RECEBIDO POR ELE

1. "De maneira alguma o lançarei fora"
2. Aqueles que vêm a Cristo encontram braços abertos para recebê-los
3. Aqui há um encontro de mão dupla:
   a. Um pecador que busca encontra um Salvador que busca
   b. Um pecador que está recebendo encontra um Salvador que recebe
4. No momento desse encontro nós nos tornamos filhos de Deus (João 1:12)
   a. Nós nos tornamos herdeiros de Deus, co-herdeiros com Cristo (Rom. 8:17)
   b. Nunca seremos separados do seu amor (Rom. 8:38-39)
5. Cada dia, então, torna-se uma aventura de fé (Rom. 1:17;5:1)

C. VIR A JESUS É RECEBER DELE VIDA ETERNA

1. "De modo algum o lançarei fora"
   a. Uma promessa que contém repetição
   b. Uma promessa que assegura vida eterna
2. Os versos que seguem selam essa promessa (v. 38-40)
   a. Cristo veio fazer a vontade do Pai (v. 38)
   b. O Pai quer que ninguém se perca (v. 39)
   c. O Pai quer que todos os crentes sejam ressuscitados (v. 39)
   d. O Pai quer que todos os crentes tenham vida eterna (v. 40)
3. Aqueles que vêm a Jesus estão salvos nos seus braços

III. CONCLUSÃO

A. POR QUE ALGUÉM DEMORARIA PARA RECEBER JESUS?

B. VENHA A JESUS EXATAMENTE COMO VOCÊ ESTÁ PARA RECEBÊ-LO E POR ELE SER RECEBIDO HOJE

VINDE AO CAMPO MISSIONÁRIO

At. 16:9

I. INTRODUÇÃO

A. TEMPOS EXCITANTES PARA A IGREJA PRIMITIVA

1. No Pentecostes três mil almas salvas
2. Multiplicação de crentes e igrejas
3. Paulo transformado de perseguidor a pregador
4. Ele empreendeu viagens missionárias para contar as boas novas

B. A VISÃO DE PAULO EM TRÔADE (16:8-10)

1. Ele ouviu o apelo macedônico
2. "Passa à Macedônia e ajuda-nos"

C. LIÇÕES DO CHAMADO MACEDÔNICO DE PAULO

II. CORPO DO SERMÃO

A. ALMAS PERDIDAS CHAMAM-NOS AO CAMPO MISSIONÁRIO (v. 9)

1. Essas pessoas estão perdidas no pecado e sem esperança (Ef. 2:12)
2. Essas pessoas nunca tinham ouvido o evangelho
   - *a. Elas não sabem que Deus as ama*
   - *b. Elas não sabem que Cristo morreu para salvá-las*
   - *c. Elas não sabem que Ele ressuscitou e oferece-lhes vida eterna*
3. Como podem crer se não ouviram? (Rom. 10:14)
4. Como podem ouvir sem um pregador? (10:14)
   - *a. Você ouve os apelos do perdido?*
   - *b. Você quer contar aos outros de Cristo e seu amor?*

B. AMOR PELAS ALMAS DEVERIA MOTIVAR-NOS A CONSIDERAR O CHAMADO (v. 10-40)

1. Paulo tinha um amor profundo pelas almas
   a. *Considere seu amor pelos judeus perdidos (Rom. 9:1-3)*
   b. *Considere seu amor pelos não judeus perdidos (viagens missionárias)*

2. Repare quão prontamente Paulo e Silas responderam ao chamado

3. Eles dirigiram-se para Filipos, a cidade principal da Macedônia.
   a. *Paulo pregou numa reunião de oração, à beira de um rio, e Lídia converteu-se*
   b. *Ele libertou um, a feiticeira endemoniada (v. 16-18)*

4. Na cadeia, Paulo e Silas alcançaram o carcereiro para Cristo (*v. 23-24)
   a. *Suas orações e louvor a Deus na cadeia produziram um terremoto*
   b. *O carcereiro suicida tornou-se um crente*

5. Grandes vitórias aguardam-nos quando consideramos o chamado para alcançar o perdido

C. OLHE EM REDOR! O CAMPO MISSIONÁRIO ESTÁ À NOSSA VOLTA

1. O campo é o mundo (Mat. 13:38)
   a. *Tua Macedônia começa junto à tua porta*
   b. *Todos encontramos pessoas perdidas por onde formos*

2. Você REPAROU que de fato eles estão ali?

3. Observe como Paulo e Silas aproveitaram cada oportunidade na Macedônia.
   a. *Quantas oportunidades você aproveitou hoje?*
   b. *PARA quantas pessoas você falou de Jesus e de seu amor?*

III. CONCLUSÃO

A. VOCÊ OUVE OS CLAMORES DOS PERDIDOS AO TEU REDOR?

B. ELES ESTÃO CLAMANDO COM LÁGRIMAS POR TUA MENSAGEM TODOS OS DIAS

VEM, SENHOR JESUS

Termina a série sobre convites bíblicos (Apoc. 22:20)

I. INTRODUÇÃO

A. AS ÚLTIMAS COISAS NA BÍBLIA SÃO IMPORTANTES

1. A última promessa é: "Certamente cedo venho"

2. O último convite é: "Amém, vem, Senhor Jesus"

B. O ÚLTIMO CONVITE É UMA ORAÇÃO

1. É uma oração de João para Jesus retornar

2. H. A. Ironside: "Certamente cada coração crente pode unir-se na oração do apóstolo"

C. POR QUE JOÃO CONVIDOU JESUS PARA RETORNAR?

II. CORPO DO SERMÃO

A. JOÃO TINHA VISTO OS RESULTADOS DA REBELIÃO DO MUNDO

1. João viu o homem no pior dos casos
   a. Ele esteve lá quando Jesus foi rejeitado e traído
   b. Ele permaneceu ao pé da cruz quando Cristo foi crucificado
   c. Ele conheceu muitos dos mártires e tinha sido exilado por sua fé

2. Jesus concedeu a João um panorama de profecia, uma visão do futuro
   a. Ele tinha testemunhado uma previsão da ira do Cordeiro (Apoc. 6)
   b. Ele recebera um relance da proximidade da Grande Tribulação

3. João tinha informação interior sobre coisas sobre as quais podemos apenas especular
   a. Ele teve visão do aparecimento da besta e do falso profeta (Apoc. 13)
   b. Ele teve previsões da Batalha do Armagedom (Apoc. 14)

4. Tendo visto tudo sobre essa violência, ele desejou pelo retorno do Príncipe da Paz

B. JOÃO TINHA VISTO A GLÓRIA DO RETORNO DE CRISTO

1. Ele ouviu o "Sobe aqui" de Apoc. 4:1 (um quadro do Arrebatamento)

a. Ele teve visões de crentes no céu em pleno louvor

b. Ele ouviu cânticos de santos de cada tribo e nação

2. João testemunhou as Bodas do Cordeiro e sua noiva, a Igreja (Apoc. 19)

a. Ele tinha visto o Noivo montado a cavalo retornando para reinar

b. Ele maravilhou-se ante a majestade do REI DOS REIS E SENHOR DOS SENHORES

3. João tinha visto a nova Jerusalém descendo do céu (Apoc. 21)

4. João teve informação em primeira mão acerca dos galardões de Cristo para seu povo (Apoc. 22:12)

5. João estava pronto para que a visão se tornasse realidade

6. João ansiava por aquele próximo e grande dia

C. JOÃO QUERIA VER SEU REI RETORNANDO

1. João tinha sido exilado naquela ilha por longo tempo

2. João tinha boas razões por desejar diariamente pelo retorno de Cristo

a. João queria ver Jesus

b. Ele queria recordar aqueles dias juntos na Terra

c. Ele queria conversar acerca da cruz e da ressurreição

3. João queria o corpo novo que nunca irá envelhecer, o qual receberá na ressurreição.

4. João queria segurar aquelas mãos rasgadas pelos pregos e fitar seu Salvador face a face

III. CONCLUSÃO

A. VOCE PODE FAZER A ORAÇÃO DE JOÃO COM FÉ?

B. VOCE ESTÁ PRONTO PARA A VOLTA DE JESUS?

C. CONVIDE-O PARA ENTRAR NA TUA VIDA. DEPOIS VOCÊ PODE CONVIDÁ-LO PARA RETORNAR

A IGREJA DA PORTA ABERTA

Apoc. 3:7-13

I. INTRODUÇÃO

A. CARTAS DE JESUS PARA AS SETE IGREJAS

1. As cartas contem tanto críticas quanto elogios

2. Esmirna e Filadélfia recebem apenas louvor

3. A igreja em Filadélfia tinha grandes oportunidades de serviço

B. A IGREJA DE FILADÉLFIA NAS OBRAS E NA PREGAÇÃO

1. Isso caracteriza qualquer igreja local verdadeira em relação às Escrituras e ao Salvador

2. É geralmente usada para descrever a igreja fiel no instante anterior ao retorno de Cristo

C. A MANEIRA E A MENSAGEM DE CRISTO EM RELAÇÃO A ESSA IGREJA

II. CORPO DO SERMÃO

A. A APRESENTAÇÃO DE CRISTO A ESSA IGREJA (v. 7)

1. "Aquele que é santo"

2. Devemos servir nosso Deus santo num mundo ímpio

3. Os últimos dias serão marcados pela falta de um viver santo

   a. Igual aos dias de Noé e Ló (Luc. 17:26-30)
   b. Caracterizados pelos falsos mestres (II Pe. 2)
   c. Um tempo de declínio moral (II Tim. 3)

4. "Aquele que é verdadeiro" - Nosso Senhor é imutável quando os padrões caem

5. "Aquele que tem a chave de Davi"

   a. Ele virá reinar sobre o trono de Davi (Luc. 1:32)
   b. Ele trará paz a este mundo aflito

B. A PROMESSA DE CRISTO PARA ESSA IGREJA (v. 8)

1. "Tenho posto diante de ti uma porta aberta"

2. Um igreja fiel tem oportunidades grandes para serviço

a. Quando Cristo abre uma porta ninguém pode fechá-la
b. Prestaremos conta de nosso serviço (Rom. 14:12; I Cor. 3:11-15)
c. Que portas Deus abriu para nós? (Crianças, juventude? Missões?)
d. Temos sido fiéis em adentrá-las?

3. Mesmo com pouca força podemos ser efetivos para Ele

a. O poder de Deus compensa nossa fraqueza
b. Se formos fiéis, Ele manterá as portas abertas
c. Estejamos prontos para andar por elas ousadamente

C. PERSPECTIVAS PARA O FUTURO DESSA IGREJA (v. 9-11)

1. Até seus inimigos a respeitarão ultimamente (v. 9)

2. Será protegida na hora de tribulação (Grande Tribulação) (v. 10)

3. Será encorajada pela bendita esperança do retorno de Cristo (v. 11)

4. Recompensas por sua fidelidade no Tribunal do Julgamento de Cristo (v. 11)

5. Recompensas para os vencedores (v. 12)

a. Será feita coluna no templo; permanente reconhecimento de vitórias
b. Participará na benção da Nova Jerusalém

III. CONCLUSÃO

A. ESSA MENSAGEM É TAMBÉM PARA INDIVÍDUOS, NÃO APENAS PARA A IGREJA

B. HÁ PORTAS ABERTAS DE SERVIÇO PARA VOCÊ E PARA MIM

C. HÁ RECOMPENSAS PELA TUA E MINHA FIDELIDADE

UM REMÉDIO PARA O CORAÇÃO AFLITO

João 14:1-6

I. INTRODUÇÃO

A. MUITAS PESSOAS TÊM CORAÇÕES AFLITOS HOJE

1. Aflitos acerca dos eventos do mundo (Luc. 21:23-28)
2. Aflitos acerca da ruptura de muitos lares
3. Aflitos acerca do declínio moral (Mat. 24:12)
4. Aflitos acerca da violência (Mat. 24:37-38)

B. O QUE PODEMOS FAZER COM OS CORAÇÕES AFLITOS?

C. PODEMOS LEVÁ-LOS A JESUS, QUE OS CURA

II. CORPO DO SERMÃO

A. JESUS É O REMÉDIO PARA OS CORAÇÕES PERTURBADOS (v. 1)

1. "Não se perturbe o vosso coração"
2. Por que os discípulos estavam perturbados?
   - *a. Um deles logo trairia Jesus (13:21)*
   - *b. Logo eles ficariam separados de Jesus (13:36)*
   - *c. Pedro logo negaria a Jesus (13:37-38)*
3. Como Jesus cura seus corações perturbados?
   - *a. Um dentre eles falharia, mas Cristo permanece sempre fiel*
   - *b. Um dentre eles seria um mentiroso, mas Cristo permanece sempre verdadeiro*
   - *c. Logo testemunhariam sua morte, mas Cristo sempre é a vida*
4. Conservando seus corações focalizados em Cristo teriam paz
5. Isso é tanto verdadeiro hoje como o foi no Cenáculo (Is. 26:3)

B. JESUS É O REMÉDIO PARA CORAÇÕES INCONSTANTES (v. 4)

1. "Não sabemos para onde vais"
2. A incerteza da eternidade
   a. *A grande pergunta da vida: "O que existe além-túmulo?"*
   b. *A pergunta das pessoas através das eras*
3. Cristo veio para responder essa pergunta de vez (v. 2)
   a. *"Na casa de meu Pai há muitas mansões"*
   b. *"Vou preparar lugar para vocês"*
   c. *"Virei outra vez e vos tomarei para mim mesmo"*
4. Não há mais necessidade para ficar incerto acerca da eternidade

C. JESUS É O REMÉDIO PARA O CORAÇÃO PERDIDO (v. 4-6)

1. "Como podemos saber o caminho?"
2. Tomé não queria ficar fora do céu
   a. *Ele queria estar com Jesus eternamente*
   b. *Ele queria passar uma temporada naquelas mansões*
3. Tomé esperava por um caminho, mas obteve uma pessoa – Jesus
4. "Eu sou o caminho, a verdade e a vida" (o único caminho)

III. CONCLUSÃO

A. JESUS ATENDE AS NECESSIDADES DO CORAÇÃO DE CADA PECADOR

1. O caminho: reconciliação para o desviado
2. A verdade: iluminação para a mente obscurecida pelo pecado
3. A vida: regeneração para o morto no pecado

B. PERMITA JESUS ENTRAR EM TEU CORAÇÃO (Apoc. 3:20)

O DEUS DOS COMEÇOS

Ge. 1:1-13

I. INTRODUÇÃO

A. DEUS É ETERNO (v. 1)

1. No começo Deus já estava lá (Deut. 33:27)
2. Deus sempre existiu e sempre existirá (Is. 43:10)

B. DEUS ESTÁ OPERANDO EM UM MUNDO CAÓTICO (v. 2)

1. A Terra era sem forma e vazia
2. Havia trevas sobre a face do abismo
3. O Espírito de Deus movia-se para efetuar mudanças
4. Esse é seu propósito em nossas vidas

II. CORPO DO SERMÃO

A. DEUS CRIA A LUZ (v. 3-5)

1. "Haja luz": e houve luz (v. 3)
2. Deus é a fonte da luz
   a. Ex. 34:28-35: a face de Moisés brilhou após estar na presença de Deus
   b. Salmo 104:2: "Que te cobres de luz como de um manto"
   c. Luc. 2:9: "e a glória do Senhor os cercou de resplendor"
   d. Apoc. 21:23: "E a sua lâmpada é o Cordeiro"
3. O sol e a lua são apenas encarregados para levar a luz de Deus à Terra
4. Deus quer trazer luz para nossas vidas através do evangelho
5. "Eu sou a luz do mundo" (João 8:12)
6. Permita que Cristo retire as trevas da tua vida

B. DEUS PRODUZ ORDEM (v. 6-8)

1. A luz de Deus revelou a condição caótica do mundo

2. A seguir deverá haver uma separação das águas; a formação da atmosfera

a. A Terra está sendo preparada para a vida

b. O Espírito Santo produz ordem em meio à confusão

c. Quando Deus quer ordem, Ele faz algo pela divisão

3. A cruz é um divisor

b. Não há base para pessoas neutras junto à cruz

4. A humanidade está dividida à maneira dos dois ladrões com morte terminal na cruz (Luc. 23:39-43)

a. Um dos ladrões admitiu seu pecado e aceitou Cristo como Salvador e Senhor

b. O outro ladrão rejeitou Cristo e juntou-se à multidão zombando dele

c. De que lado da cruz você está?

C. DEUS CRIA A VIDA (v. 9-13)

1. Deus faz separação entre água e terra

a. Aparecem os mares, lagos e rios

b. O planeta Terra torna-se logo um local apropriado à vida

2. O Criador convoca a criação para a frutificação

a. Plantas e árvores frutificam ao seu mandar

b. Deus também quer que sejamos frutíferos espiritualmente (João 15:8)

3. O fruto do Espírito Santo deve ser evidente em cada crente (Gal. 5:22-23)

III. CONCLUSÃO

A. VOCÊ DEVE TER UM COMEÇO NOVO, UM NASCIMENTO NOVO (João 3:1-5)

B. A FÉ EM CRISTO FARÁ DE VOCÊ UMA NOVA CRIATURA (II Cor. 5:17)

O PLANO DE DEUS PARA AMAR AS CRIAÇÕES

Gen. 1:3-31

I. INTRODUÇÃO

A. A ORDEM E DIVISÕES DOS SEIS DIAS DA CRIAÇÃO

1. Dia primeiro - luz; dia quarto - o sol e a lua
2. Dia segundo - separação das águas; dia quinto - criaturas aquáticas
3. Dia terceiro - terra; dia sexto - animais terrestres e o homem

B. A ORDEM DA CRIAÇÃO REVELA OS PROPÓSITOS DO CRIADOR

II. CORPO DO SERMÃO

A. O QUE DEUS TEM DESEJA COMPARTILHAR (v. 3-5; 14-19)

1. Deus, a fonte da luz, reparte-a com o sol e com a lua
   a. Ele podia ter-nos criado para viver em trevas
   b. Tinha Luz disponível e desejou compartilhá-la
2. Deus tem muitas coisas que deseja compartilhar conosco:
   a. A luz da vida (Mat. 5:16)
   b. Paz (João 14:22)
   c. Vida eterna (João 3:16; 5:24)
   d. Sua natureza divina (II Pe. 1:4)
   e. Sua glória (João 17:21-23; Rom. 8:17-18)
   f. O céu (João 14:1-3)
   g. Sua sabedoria (Tgo 1:14)

3. Todas essas coisas estão disponíveis para suas novas criaturas (II Cor. 5:17) através da fé no seu Filho

4. O que você está fazendo sem aquilo que Deus quer partilhar contigo?

B. O QUE DEUS COMEÇA ELE DETERMINA CONTINUAR (v. 6-8; 20-23)

1. Deus criou a Terra para manter a vida

   a. Ele podia tê-la deixado apenas como um lugar belo

   b. Ele podia tê-la deixado um lugar de água corrente, rochas e montanhas

   c. Ele podia tê-la deixado um lugar para os anjos visitarem nas férias

2. A Criação é apenas o começo: criaturas vivas também estavam no plano de Deus

3. O novo nascimento é apenas o início

   a. Deus continua sua obra em cada crente (Filip. 1:6)

   b. Ele continua sua obra através das circunstâncias (Rom. 8:28-29)

   c. Ele continua sua obra através da sua Palavra (Ef. 5:26-27)

   d. Ele continua sua obra através da disciplina (Hebr. 12:5-7)

   e. Ele continua sua obra através do Espírito Santo (João 14:16-26)

C. AQUILO QUE DEUS CRIA ELE INCUMBE DE UM PROPÓSITO DIVINO (v. 9-13; 24-28).

1. A Criação obedece seu Criador, e cada criatura e planta reproduz segundo sua espécie

   a. Isso é evidente a cada nascimento

   b. Cada pessoa ou animal nascido de novo proclama essa verdade

2. Os crentes também devem se reproduzir

   a. Isso está implícito na Grande Comissão (Mat. 28:18-20)

   b. Devemos ser testemunhas (At. 1:8)

3. Fomos comissionados para trazer o perdido a Jesus

III. CONCLUSÃO

A. VOCÊ ESTÁ PERMITINDO QUE OS PROPÓSITOS DE DEUS SEJAM CUMPRIDOS EM VOCÊ?

B. JÁ NÃO É TEMPO DE VOCÊ SUBMETER-SE AO MARAVILHOSO PLANO DE DEUS?

O QUE HÁ DE ERRADO COM TODOS?

Gen. 1:26-27; 3

I. INTRODUÇÃO

A. O QUE É O HOMEM?

1. Essa é uma daquelas perguntas dentre as mais básicas da vida
2. É o homem o produto de milhões de anos de evolução?
3. É o homem uma criação especial de Deus?

B. O QUE HÁ DE ERRADO COM TODOS?

1. A pergunta do filósofo
2. A pergunta do psicólogo
3. A pergunta do criminologista

C. A BÍBLIA RESPONDE ESSAS PERGUNTAS IMPORTANTES

II. CORPO DO SERMÃO

A. O HOMEM FOI CRIADO À IMAGEM DE DEUS (1:26-27)

1. "Criou Deus, pois, o homem à sua própria imagem"
   a. Formado do pó da terra (2:7)
   b. A obra prima da criação de Deus
   c. Para ter o domínio sobre a Terra (1:26)
2. O que se entende por "a imagem de Deus?
   a. Igual a Deus, Adão tinha intelecto, emoção e vontade
   b. Essas são as exigências para personalidade
   c. Adão e Eva eram também sem pecado
3. Deus colocou Adão e Eva num meio ambiente perfeito (Éden)

B. ADÃO CAIU PELO PECADO, MANCHANDO A IMAGEM (3:1-6)

1. Havia um fruto proibido do Jardim do Éden
   a. Quão gracioso e dadivoso Deus tinha sido!

b. Adão e Eva escolheram desobedecer seu Senhor

c. No ato deles de apanhar do fruto proibido, a raça humana inteira herdou o pecado

2. Todos somos pecadores e agimos de igual maneira (Rom. 3:10-23)

a. A experiência mostra-nos que somos pecadores

b. Os títulos dos jornais não anunciam que somos pecadores

c. A marca dos crimes por morte vocifera que somos pecadores

3. Os esforços humanos para remediar a situação falham:

a. A educação e a legislação falham

b. Os processos judiciais e castigo falham

C. ATRAVÉS DA GRAÇA O SEGUNDO ADÃO RESTAURA A IMAGEM

1. A desobediência de Adão mergulhou-nos no pecado (Rom. 5:12)

2. A obediência de Cristo tornou a salvação disponível a todos (Rom. 5:19)

a. Sua morte nos redimiu (Ef. 1:7)

b. Sua ressurreição garante que Ele vive para sustentar-nos (Rom. 1:4; Hebr. 7:25)

c. Seu Espírito Santo mora dentro de nós capacitando-nos viver corretamente (I Cor. 6:19-20)

III. CONCLUSÃO

A. O PROPÓSITO DE DEUS NA CRIAÇÃO É REALIZADO NA SALVAÇÃO

1. Temos comunhão com Deus através da fé em Cristo (I João 1:3)

2. Viver em comunhão com Deus produz alegria real (1:4)

B. CRISTO É A RESPOSTA PARA O QUE ESTÁ ERRADO COM TODOS

O QUE PRECISAMOS?

Gen. 2:8-18

I. INTRODUÇÃO

A. AS PESSOAS ESTÃO CONFUSAS ACERCA DO QUE PRECISAM

1. Vidas inteiras são gastas juntando bugigangas temporais
2. Que proveito há em ganhar o mundo inteiro? (Mc. 8:36)
3. Todos partimos deste mundo de mãos vazias (I Tim. 6:7)

B. DEUS CONHECE NOSSAS NECESSIDADES BÁSICAS E AS PROVÊ

1. Observe como Deus proveu nossas necessidades no seu plano criador
2. Devemos voltar ao começo para descobrir nossas necessidades básicas atuais

II. CORPO DO SERMÃO

A. PRECISAMOS DE ALIMENTO (v. 8-14)

1. Paulo escreveu que devemos nos contentar com alimento e vestuário (I Tim. 6:8)
2. Deus colocou o homem criado ultimamente num jardim belo
   - *a. Continha toda espécie de árvores e plantas para sua dieta prazerosa*
   - *b. Beleza e abundância eram deles para usufruir*
3. Apesar desse meio ambiente ideal, Adão caiu em pecado
   - *a. Isso demonstra que não precisamos de uma novo ambiente, mas de um novo nascimento*
   - *b. Adão desobedeceu apesar do amor e provisão de Deus*
4. Precisamos também de alimento espiritual
   - *a. "Nem só de pão o homem viverá" (Mat. 4:4)*
   - *b. "Desejai o puro leite espiritual" (I Pe. 2:2)*
5. Deus proveu graciosamente alimento para o corpo e para a alma

B. PRECISAMOS SER FIÉIS (v. 15-17)

1. Deus deu para Adão a responsabilidade de cuidar do jardim

    a. Todos precisamos de responsabilidades na vida; precisamos trabalhar

    b. No caminho do dever aprendemos algo da felicidade

2. Agradeça a Deus pelo trabalho e pela força para fazê-lo

3. Devemos também ser fiéis a Deus, obedecendo sua vontade

    a. Toda árvore exceto uma destinava-se para alimento

    b. Essa única exceção tornou-se a queda de Adão

4. Qual é a tua área de tentação e batalha?

5. Concentre-se em tudo o que você tem em Cristo, e a vitória será tua

C. PRECISAMOS DE COMUNHÃO (v. 18-25)

1. "Não é bom que o homem esteja só"

2. A única coisa da criação que não estava boa era a falta que o homem tinha de um cônjuge

3. Deus criou uma mulher para resolver esse problema

    a. Deus realizou a primeira cirurgia e usou a primeira anestesia

    b. Deus formou a mulher da costela de Adão; quão apropriado!

4. Agora Adão nunca mais deveria ficar sozinho

5. O casamento é o vínculo da vida mais íntimo, a comunhão mais abençoada

6. Precisamos também da comunhão com outros crentes (Hbr. 10:25)

III. CONCLUSÃO

A. DEUS PROVEU NOSSAS NECESSIDADES FÍSICAS, ESPIRITUAIS E SOCIAIS

B. ELE PROVEU TAMBÉM O PERDÃO DOS PECADOS E A VIDA ETERNA

C. DEUS QUER TE SUPRIR EM TUAS NECESSIDADES HOJE

O JUMENTINHO, A MULTIDÃO E AS CRIANÇAS

Mat. 21:1-16

I. INTRODUÇÃO

A. JESUS E SEUS DISCÍPULOS APROXIMAM-SE DE JERUSALÉM

1. Isso marca o começo do fim... e o novo começo
   - *a. O julgamento e a crucificação de Cristo estavam adiante*
   - *b. Depois viria a ressurreição e o nascimento da igreja*
2. Milhares de pessoas estavam reunidas em Jerusalém para a Páscoa

B. A ENTRADA TRIUNFAL EM JERUSALÉM ESTAVA PRESTES A ACONTECER OS DISCÍPULOS, O JUMENTINHO E OS DETALHES

1. O jumentinho trazido pelos discípulos
2. Os aplausos da multidão e os ramos de palmeiras
3. As crianças, as quais eram mais sábias que todos eles

II. CORPO DO SERMÃO

A. O JUMENTINHO (v. 2-7)

1. Jesus deu aos discípulos uma instrução estranha
   - *a. Ide até a aldeia e encontrareis um jumentinho atado*
   - *b. Eles deveriam desatar o jumentinho indomado e trazê-lo a Jesus*
   - *c. A resposta para alguém que lhes perguntassem deveria ser: "O Senhor precisa dele"*
2. Devemos trazer a Jesus as pessoas insubmissas
3. A vontade obstinada do jumentinho indomado submetido a Jesus
   - *a. A submissão do jumentinho é um quadro do reino vindouro de Cristo*
   - *b. Quando Ele vier estabelecer seu Reino, Cristo virá montado outra vez (Apoc. 19:11-16)*

B. A MULTIDÃO (v. 8-11)

1. A multidão estendeu suas vestes diante de Jesus

2. Colocou ramos de palmeiras ao longo do caminho (Domingo de Ramos)

3. A multidão aclamou o Senhor

   a. "Hosana ao filho de Davi"

   b. "Bendito aquele que vem em nome do Senhor"

   c. "Hosana nas alturas"

4. Quão instáveis podem ser as multidões em seu louvor!

   a. Logo os aplausos tornaram-se zombarias

   b. Logo as aprovações viraram desprezo

   c. Logo o "Coroai-o" tornou-se "Crucificai-o"

C. AS CRIANÇAS (v. 12-16)

1. A purificação do templo

2. Jesus curando o cego e o paralítico

3. O ódio dos inimigos do Senhor

4. O louvor das crianças (v. 16)

5. A importância de alcançar as crianças para o Senhor

III. CONCLUSÃO

A. ESTÁ TUA VONTADE SUBMISSA AO SENHOR?

B. VOCÊ ESTÁ ENVOLVIDO COM SEU LOUVOR?

C. VOCÊ TEM UMA FÉ HUMILDE?

D. VOCÊ É TÃO SÁBIO COMO ESSAS CRIANÇAS?

O CAMINHO DE PEDRO PARA O PODER

Luc. 22:31-32; 60-61

I. INTRODUÇÃO

A. AS NEGAÇÕES DE CRISTO POR PARTE DE PEDRO

1. Nós nos entendemos melhor quando entendemos Pedro
2. Podemos nos identificar com suas falhas e sucessos

B. TEMPOS VINDOUROS DIFÍCEIS PARA OS DISCÍPULOS

1. Jesus contara-lhes acerca do seu sofrimento vindouro (22:15)
2. Ele acabara de revelar sua traição através de um deles (v. 21)
3. Ele contara a Pedro que ele seria atacado por Satanás (v. 31)

C. O QUE TRANSFORMOU ESSE DISCÍPULO NEGADOR EM UM CRISTÃO DINÂMICO?

II. CORPO DO SERMÃO

A. A ORAÇÃO DE CRISTO EM FAVOR DE PEDRO (v. 32)

1. O Senhor esteve preocupado com Pedro quando ele foi tentado
    - *a. "Satanás vos pediu para vos cirandar como trigo" (22:31)*
    - *b. "Eu roguei por ti para que tua fé não desfaleça"*
2. Satanás deseja derrotar todos os crentes
3. Jesus ainda está intercedendo pelos crentes tentados
    - *a. Jesus orou por nós no Getsemani (João 17:20)*
    - *b. Ele intercede por nós agora no céu (Hbr. 7:25)*
4. Pedro perdeu sua batalha em tentação, mas sua fé não falhou
    - *a. Jesus o comissionou para fortalecer outros após essa crise*
    - *b. Ele tornou-se o porta-voz do seu Senhor no Pentecostes (At. 2)*

B. O EXATO MOMENTO DO CANTO DO GALO QUANDO PEDRO FALHOU (v. 60)

1. O momento exato desse canto do galo tinha sido profetizado (v. 34)

2. Temos umas poucas boas palavras sobre um galo:

a. Ele levanta-se cedo e vai realizar a tarefa que Deus lhe deu

b. Ele faz essa tarefa sem se exaltar

c. Ele acorda os dorminhocos

d. Ele é um proclamador de notícias boas

e. Ele nunca se aborrece com a mesma rotina

3. Deus usou esse galo particular para trazer Pedro ao arrependimento

a. Esse cantar do galo oportuno relembrou Pedro de sua promessa a Jesus

b. Seu cantar também relembrou a Pedro a promessa do Senhor a ele

C. O PODEROSO OLHAR DO SENHOR A PEDRO (v. 61)

1. O Senhor virou-se e olhou para Pedro

2. Com tudo o que estava acontecendo a Jesus, Ele ainda se importava com Pedro

3. Podemos apenas especular acerca daquele olhar

a. Foi um olhar de reprovação, piedade ou tristeza?

b. O que o coração de Jesus estava comunicando a Pedro?

4. Aquele olhar quebrou o coração de Pedro, fazendo-o sair chorando

III. CONCLUSÃO

A. PEDRO ESTAVA DEPRESSIVO NAQUELE DIA NEGADOR, MAS ELE NÃO ESTAVA EXCLUÍDO

B. O AMOR DE CRISTO TROUXE-O DE VOLTA E DEU-LHE ESPERANÇA

1. Deus socorreu Pedro onde estava e fez dele o que ele deveria ser

2. Ele quer fazer o mesmo por você, mesmo que você o tenha desapontado

A CRUZ, O REMÉDIO

I Cor. 1:18

I. INTRODUÇÃO

A. O QUE A CRUZ TEM A VER COM UMA IGREJA?

1. A igreja em Corinto era uma igreja atribulada

a. A imoralidade era comum entre os membros

b. Divisões carnais estavam destruindo a igreja

2. Paulo escolheu a pregação sobre a cruz como o remédio para essa situação

3. Defrontar-se com o preço da cruz pode gerar avivamento pessoal

B. A PREGAÇÃO DA CRUZ ALCANÇA-NOS ONDE VIVEMOS

II. CORPO DO SERMÃO

A. A CRUZ É O REMÉDIO PARA AS DIVISÕES (v. 10-18)

1. Os cristãos de Corinto tornaram-se seguidores de homens

a. Alguns diziam que seguiam Paulo, alguns Apolo, e alguns Cefas

b. Alguns diziam que rejeitaram os homens e seguiam a Cristo

2. Paulo removeu-se do centro de atenção (v. 13)

a. Paulo foi crucificado por vocês?

b. Vocês foram batizados em nome de Paulo?

3. A ênfase da fé deve estar naquele da cruz

a. Considere os sofrimentos do calvário (Luc. 23:33-46)

b. Recorde os espinhos, os pregos e a lança

4. Quão insignificantes tornam-se nossas divisões à luz do sofrimento de Cristo

5. O calvário deve por fim a todas as divisões e unir uma igreja para servir a Jesus

B. A CRUZ É O REMÉDIO PARA OS QUE PERECEM (v. 18)

1. A mensagem da cruz parece loucura para os que perecem
    a. Perecem porque são pecadores (Rom. 3:10-23)
    b. Perecem porque não querem vir a Cristo (João 5:40)
    c. Perecem porque não creem (3:36)
2. Muitas pessoas religiosas estão perecendo
    a. As boas obras não podem impedir alguém de perecer (Is. 64:6)
    b. Guardar a lei não impede alguém de perecer (Gal. 2:21)
    c. Cerimônias religiosas não podem impedir alguém de perecer (1:13)
3. Somente recebendo a mensagem da cruz pela fé salva de perecer
    a. "Para nós os que somos salvos, é o poder de Deus"
    b. Cristo morreu na cruz para que possamos ter vida eterna (Is. 53:5-6)
4. Você tem certeza de salvação?

C. A CRUZ É O REMÉDIO PARA OS DUVIDOSOS (v. 19-25)

1. Paulo identificou os duvidosos como sábios deste mundo, questionadores e líderes religiosos

2. Seus argumentos falham à luz da morte e ressurreição de Cristo

3. Uma investigação honesta da cruz e da ressurreição remove todas as dúvidas
    a. Cristo morreu por nossos pecados, tornando possível a justificação (Rom. 3:23-28)
    b. Sua ressurreição é a garantia de nossa salvação (Rom.1:4)

III. CONCLUSÃO

A. AS IGREJAS QUE ENFOCAM A CRUZ EXPERIMENTAM UNIDADE E AVIVAMENTO

B. AS IGREJAS QUE ENFOCAM A CRUZ ACHAM FÁCIL PRATICAR O PERDÃO

C. OS PECADORES QUE VEM PARA O CRISTO DA CRUZ ENCONTRAM SALVAÇÃO

RELACIONAMENTO DE CRISTO COM SEUS CRUCIFICADORES

At. 2:22-24

I. INTRODUÇÃO

A. A CHEGADA DO DIA DE PENTECOSTES

1. O dia em que a promessa do Pai foi cumprida (At.1:4)

2. O dia em que o Espírito Santo desceu para morar dentro de todos os crentes (At. 1:5-8)

B. RELEMBRANDO A CRUZ DESSE PONTO PRINCIPAL

1. O sermão de Pedro naquele dia foi sobre Cristo crucificado

2. Pedro apresentou a seus ouvintes Cristo e seus crucificadores

3. Temos essa responsabilidade cada vez que pregamos

C. OS ATORES DO MAIOR DRAMA DA HISTÓRIA

II. CORPO DO SERMÃO

A. APRESENTAÇÃO DO HOMEM (v. 22)

1. Pedro queria que todos conhecessem Cristo
   - *a. Ele queria que conhecessem o homem perfeito*
   - *b. Mesmo Pilatos foi incapaz de encontrar qualquer falta nele (João 18:38-19:6)*

2. Pedro queria que todos conhecessem o Homem aprovado por seu Pai
   - *a. Ele sempre esteve ocupado com as questões referentes a seu Pai (Luc. 2:49)*
   - *b. O Pai emitiu sua aprovação desde o céu, no seu batismo (Mat. 3:16-17)*

3. Pedro queria que todos conhecessem o Homem dos milagres
   - *a. O Homem que foi "aprovado por Deus entre vós com milagres e sinais"*
   - *b. O Homem que curou enfermos e ressuscitou nos mortos*
   - *c. O Homem que demonstrou seu poder sobre a natureza (Mat. 8:23-27)*

B. APRESENTAÇÃO DO HOMEM COM O PLANO (v. 23-24)

1. A cruz não foi um pensamento de Deus posterior
   - *a. Ele foi "entregue pelo determinado conselho e paciência de Deus"*
   - *b. Cristo não foi uma vítima na cruz, mas um vencedor*

2. Pedro pregou seu sermão com base nas Escrituras proféticas (v. 16-23)
   - *a. Ele citou o profeta Joel para provar seu argumento*
   - *b. Ele declarou que o derramamento do Espírito Santo no Pentecostes foi profetizado*
   - *c. Contou-lhes que os sinais naturais ainda acontecerão*

3. Pedro anunciou que a ressurreição aconteceu
   - *a. Ele declarou: "Jesus, a quem Deus ressuscitou"*
   - *b. O poder da morte foi vencido*
   - *c. O sepulcro não o reteve!*

C. A APRESENTAÇÃO DOS PRINCIPAIS CRUCIFICADORES DO HOMEM (v. 23-24)

1. Cristo foi levado prisioneiro como um criminoso comum
   - *a. Cristo foi traído e preso (Luc. 22:47-53)*
   - *b. O juiz de toda a terra foi obrigado a permanecer diante de um tribunal terreno (João 18:28-40)*

2. Cristo foi espancado e crucificado enquanto seus acusadores amaldiçoavam e cuspiam sobre Ele

3. Cristo cumpriu as profecias da sua morte pelos pecadores (Is. 53:5-6)

4. Mesmo na cruz, Ele foi o Homem de perdão (Luc. 23:34)

III. CONCLUSÃO

A. O FILHO DO HOMEM VEIO BUSCAR E SALVAR O PERDIDO (Luc. 19:10)

B. CRISTO OFERECE SALVAÇÃO APENAS PELA FÉ A VOCÊ E A MIM

O SELO ROMPIDO

Mat. 27:62-66; 28:11-15

I. INTRODUÇÃO

A. A RESSURREIÇÃO DE CRISTO FOI PROMETIDA A SEUS DISCÍPULOS

1. Ambos, sua morte e sua ressurreição, foram bem explicados (Mat. 20:18-19)

2. Nem sua morte nem sua ressurreição deveriam tomá-los de surpresa

B. OS INIMIGOS DE CRISTO RECORDARAM, MAS SEUS DISCÍPULOS ESQUECERAM

1. Ao pé da cruz, seus discípulos abandonaram Cristo e fugiram

2. Matthew Henry acerca dessa revelação estranha:

"O ódio é mais fortemente incisivo do que o amor"

C. OS SACERDOTES E OS FARISEUS SOLICITARAM A PILATOS UMA GUARDA

II. CORPO DO SERMÃO

A. OS INIMIGOS DE CRISTO ESTAVAM CERTOS EM RELAÇÃO À SUA PROMESSA (v. 60-63)

1. Consideremos o corpo de Jesus:

a. Do afeto de Maria na manjedoura para a miséria da cruz

b. O maltrato que Ele levou em seu corpo por você e por mim (Is. 53; Mat. 27:26-54)

2. Nicodemos e o rico José colocaram o corpo de Jesus num túmulo

3. Os inimigos de Jesus ainda temiam aquele corpo abatido e inerte

a. Eles recordaram sua promessa: "Depois de três dias ressurgirei" (v. 63)

b. Essa promessa foi feita repetidamente: João 2:18-22; Mat. 12:38-40; 17:9.

4. Eles sabiam que Ele tinha prometido uma ressurreição corporal, não apenas uma ressurreição espiritual

a. Quem pediria uma guarda e o túmulo selado para prevenir uma ressurreição espiritual?

b. Quem tentaria prender um espírito numa caverna?

5. Estranhamente, eles chamaram Jesus de impostor, entretanto temiam que Ele pudesse ressuscitar realmente

B. OS INIMIGOS DE CRISTO ESTAVAM PREOCUPADOS ACERCA DE SUA PROMESSA (v. 64)

1. Eles queriam que o túmulo fosse selado e vigiado até o terceiro dia

2. Eles também temiam que seus discípulos maquinassem um plano simulando que Ele havia ressuscitado

3. Eles temiam o impacto no público se a notícia se espalhasse que Ele estava vivo

   a. Todos souberam da morte e desejavam que ela fosse vencida pela vida

   b. Uma notícia da ressurreição seria a notícia mais poderosa já recebida

4. Isso foi exatamente o que aconteceu quando Cristo ressuscitou

   a. A ressurreição tornou-se a mensagem de toda a pregação no N.T.

   b. Como resultado, o mundo foi transtornado por Cristo (At. 17:6)

C. OS INIMIGOS DE CRISTO FORAM CONQUISTADOS POR SUA PROMESSA (v. 65-66)

1. Pilatos forneceu a guarda e os soldados selaram o túmulo

   a. Uma corda pesada foi atada de um lado ao outro da pedra

   b. O selo do Império Romano foi colocado sobre ela

2. Os soldados e o selo de Pilatos não puderam evitar a ressurreição prometida de Cristo

3. O selo rompido tornou-se a grande prova da ressurreição prometida (28:11-15)

   a. Os soldados romanos não dormiam em seus postos

   b. Dormir durante a vigilância teria custado suas vidas

   c. A história para desacreditar a ressurreição, fora ela mesma desacreditada

4. Cristo ressuscitou! A promessa foi cumprida! (28:1-10)

III. CONCLUSÃO

A. O SELO ROMPIDO GARANTE A RESSUREIÇÃO

B. A RESSUREIÇÃO GARANTE A DIVINDADE DE CRISTO

C. SUAS PROMESSAS GARANTEM A SALVAÇÃO DE TODOS OS QUE CREEM NELE

PREPARANDO PEDRO PARA O PENTECOSTES

João 21

I. INTRODUÇÃO

A. PEDRO PASSOU DO MAIOR FIASCO PARA O MAIOR INCENTIVADOR

1. Negou seu Senhor três vezes junto a um braseiro (João 18:18)
2. Proclamou seu Senhor com fervor e no poder do Espírito Santo

B. PEDRO DECIDIU VOLTAR A PESCAR

1. Ele tem sido frequentemente criticado por essa pescaria pós-ressurreição.
2. Os outros decidiram ir com ele (nossas decisões afetam outros)

C. TRÊS PERGUNTAS DE CRISTO PREPARAM PEDRO PARA O PENTECOSTES

II. CORPO DO SERMÃO

A. A PERGUNTA SIMPLES QUE IDENTIFICA OS FATOS (v. 5)

1. "Filhos, não tendes nada que comer?"
2. Eles eram um grupo de discípulos famintos, cansados e desencorajados
    - *a. Pescaram durante a noite inteira e nada apanharam*
    - *b. Muitos de nós somos semelhantes a eles – derrotados e exaustos*
3. Jesus chamou seus discípulos, fazendo sua pergunta de mudança de vida
    - *a. "Não tendes carne para comer?" (Apanharam algum peixe?)*
    - *b. Ele podia ter feito uma pergunta menos direta: "Quanto o barco está abastecido de peixe?"*
4. Jesus já sabia a resposta, mas quis que eles lhe contassem suas necessidades
    - *a. Jesus conhece como as coisas estão em nossas vidas, mas deseja que contemos isso a Ele*
    - *b. Antes que possamos ser salvos, devemos admitir que estamos perdidos*
    - *c. Antes que Ele possa suprir-nos, devemos admitir que estamos carentes*

B. A PERGUNTA QUE ARGUI ACERCA DO PRIMEIRO LUGAR (v. 15)

1. "Amas-me mais do que estes?"

2. Ele requereu isso de Pedro, aquele que pensava que para nada mais servia

3. Ele chamou Pedro pelo seu nome antigo; Ele foi ao encontro de Pedro onde ele mesmo considerava-se estar

4. Jesus perguntou a Pedro se ele o amava mais do que as coisas ao redor dele

a. Você ama-me mais do que o mar?

b. Você ama-me mais do que o teu barco?

c. Você ama-me mais do que estas redes, as quais costumam significar tanto a você?

d. Você ama-me mais do que estes peixes?

e. Você ama-me mais do que estes amigos?

5. Essa pergunta, feita três vezes, corresponde às três negações de Cristo por Pedro.

C. A PERGUNTA DIFÍCIL QUE REQUER DE PEDRO SEGUI-LO (v. 21-22)

1. Cristo pediu a Pedro para apascentar as ovelhas do Senhor e depois morrer como um mártir

2. "Siga-me": Pedro tinha ouvido esse chamado antes e respondeu a ele

3. Pedro ficou preocupado acerca do que João faria por Cristo

a. A resposta do Senhor: "Que tens tu com isso?"

b. Depois fez outra vez aquele chamado conhecido: "Siga-me"

4. Seguir a Cristo é um assunto individual, independe do que outros façam

III. CONCLUSÃO

A. JESUS VAI AO NOSSO ENCONTRO ONDE ESTAMOS

B. JESUS INSISTE EM TER O PRIMEIRO LUGAR EM NOSSAS VIDAS

C. CHAMA-NOS PARA SEGUI-LO, INDEPENDENTE DO QUE OUTROS FAÇAM

D. COMO RESPONDEREMOS ÀS TRÊS PERGUNTAS DE COMPROMISSO COM O SENHOR?

O PODER DE UMA IGREJA AMOROSA

Atos 2:41-46

I. INTRODUÇÃO

A. CONHECENDO A PODEROSA PRIMEIRA IGREJA EM JERUSALÉM

1. A promessa do Pentecostes foi cumprida (At. 1:5-8)
2. Milhares foram convertidos nessa ocasião especial (At. 2)

B. O QUE PROPORCIONOU A ESSA IGREJA DINÂMICA TAL PODER?

1. Os membros eram modelos do amor de Deus para o mundo
2. Esse amor mudou suas vidas e fortaleceu seu testemunho

II. CORPO DO SERMÃO

A. ELES AMAVAM AO SENHOR (v. 41-42)

1 "Aqueles que receberam alegremente sua Palavra foram batizados"
   - *a. Eles responderam à mensagem do amor de Deus (o evangelho)*
   - *b. Eles evidenciaram seu amor a Deus através do batismo*

2. A Ceia do Senhor e o batismo denotam o amor de Deus
   - *a. A Ceia do Senhor refere-se à morte de Cristo (I Cor. 11:23-26)*
   - *b. O batismo refere-se ao seu sepultamento e ressurreição (Rom. 6:3-4)*

3. O batismo demonstra nosso amor por Cristo
   - *a. Batismo significa seguir a Jesus (Mat. 3:15-17)*
   - *b. Batismo significa obedecer a Jesus (Mat. 28:18-20)*
   - *c. Batismo significa identificar-se com Jesus (At. 2:41)*

B. ELES AMAVAM UM AO OUTRO (v. 42-46)

1. "Na doutrina dos apóstolos"
   - *a. Eles apreciavam reunir-se para ouvir a Palavra de Deus*
   - *b. Atualmente a tendência é reunir-se menos (Hebr. 10:25)*

2. "Na comunhão"

a. Essa é uma grande razão de reunir-se para cultuar

b. Os cristãos devem amar um ao outro

c. O vínculo mais íntimo é aquele de que somos membros do Corpo de Cristo (I Cor. 12)

3. "No partir do pão"

a. Compartilhar comunhão e recordar a morte de Cristo

b. Refere-se ao amor de Cristo na cruz

4. "Nas orações"

a. Edificando amor mútuo

b. Suprindo necessidades e alegrando-se na provisão de Deus

C. ELES AMAVAM OS PERDIDOS (v. 47)

1. Eles estavam testemunhando e louvando a Deus constantemente
2. O Senhor acrescentava salvos à igreja diariamente
3. Todos devemos estar envolvidos em missões
4. A igreja inteira deve ser uma equipe para alcançar o mundo

III. CONCLUSÃO

A. O QUE A IGREJA EM JERUSALÉM TINHA E QUE NOS FALTA?

B. O PODER DO AMOR ATIVO ESTÁ ENTRE NÓS?

C. O QUE PODEMOS FAZER PARA AUMENTAR NOSSO AMOR?

a. Nosso amor pelo Senhor

b. Nosso amor um pelo outro

INFERNO: QUE ME DIZ SOBRE ELE?

Mat. 11:20-24; 25:41

I. INTRODUÇÃO

A. O JESUS GENTIL REPREENDEU OS PECADORES

1. Algumas pessoas mencionam apenas o amor de Deus
2. Algumas pessoas pensam que o amor de Deus exclui os pecadores
3. Mas Jesus advertiu os pecadores do julgamento vindouro (Mat. 3:7)

B. ISSO SUSCITA PERGUNTAS ACERCA DO INFERNO E DO JULGAMENTO

1. O inferno pode ser real?
2. Pode um Deus amoroso permitir pecadores irem para o inferno?
3. O inferno pode durar para sempre?

II. CORPO DO SERMÃO

A. A BÍBLIA MENCIONA AQUELES QUE SÃO DESTINADOS PARA O INFERNO (v. 20-21)

1. "Ai de ti!"
2. Para quem esses ais são pronunciados?
   a. Para aqueles que não se arrependeram dos seus pecados
   b. Para aqueles que rejeitaram Cristo e suas palavras
   c. Para aqueles para quem foi oferecido muito esclarecimento
3. Todos merecemos o inferno
   a. Todos somos pecadores (Rom. 3:10-23; Is. 64:6)
   b. Cristo morreu para salvar pecadores do inferno (Rom. 5:8; 10:9)
4. A rejeição de Cristo implica julgamento de Deus (João 3:36)
5. Jesus descreve o sofrimento do inferno (Luc. 16:19-31)

B. A BÍBLIA REVELA GRAUS DE PUNIÇÃO NO INFERNO (v. 21-24)

1. "Menos rigor para Tiro e Sidom" (v. 22)

2. "Menos rigor para Sodoma" (v. 24; Mat. 10:15)

3. Dr. John R. Rice: "Observe a doutrina nos versos 22 e 24 de que haverá graus de punição no Julgamento e, portanto, no inferno (*The King of the Jews* [Murfreesboro, Tenn.: Sword of the Lord, 1955]

4. Os graus de punição estão baseados na oportunidade de alguém

a. Corazim e Betsaida receberam e rejeitaram muito esclarecimento

b. Tiro, Sidom e Sodoma tiveram menos esclarecimento

5. Essas palavras de Jesus eliminam a doutrina da aniquilação do perdido

C. A BÍBLIA DECLARA A DURAÇÃO DO INFERNO (25:41)

1. "O fogo eterno preparado para o Diabo e seus anjos"

2. Há uma diferença de grau, mas não de duração

3. O inferno não é purgatório protestante

4. Que dizer acerca do inferno e o futuro da trindade satânica (Apoc. 20:10-15)?

a. O Diabo, a Besta e o falso profeta são julgados

b. Eles são lançados no lago de fogo eterno

c. Aqueles não inscritos no livro da vida farão companhia a eles

5. Por que passar a eternidade com teu pior inimigo?

III. CONCLUSÃO

A. COMO EVITAR O INFERNO

1. Venha a Jesus com teus pecados

2. Receba-o pela fé como teu Senhor e Salvador

B. PASSE A ETERNIDADE COM AQUELE QUE MORREU PARA SALVAR-TE DO INFERNO

SATANÁS: SUA PERSONALIDADE, SUA PERVERSÃO E SEU PROPÓSITO

Ez. 28:12-15; Is. 14:12-17

I. INTRODUÇÃO

A. COMO O MUNDO VISUALIZA SATANÁS

1. Chifres, um traje vermelho, um rabo
2. Um protesto para caricaturas: atirando brasas no inferno com pá

B. QUÃO FALSAS IMPRESSÕES FAVORECEM O JOGO NAS MÃOS DO INIMIGO

C. COMO PODEMOS DESMASCARAR NOSSO ANTIGO INIMIGO

II. CORPO DO SERMÃO

A. A PERSONALIDADE DE SATANÁS (v. 12)

1 Ezequiel lamentou o rei de Tiro

a. Sua descrição vai além do rei

b. Os eruditos bíblicos creem que isso pode ser aceito como descrição de Satanás

2. Satanás é descrito como cheio de sabedoria e perfeito em beleza

a. Qualidades surpreendentes em alguém tão mau

b. Mostra a natureza destrutiva do pecado

3. As habilidades de Satanás provam sua personalidade

a. Capaz de falar (Gen. 3)

b. Capaz de comparecer diante de Deus (Jó 1)

c. Capaz de citar as Escrituras (Mat. 4)

4. Satanás agora usa suas habilidades para destruir (João 10:10; I Pe. 5:6)

B. PERVERSÃO SATÂNICA DAS COISAS BOAS (v. 13-15)

1. Sua perversão do conhecimento no Éden (Gen. 3)
   a. Havia uma árvore para conceder conhecimento a alguém (Gen. 3)
   b. "Vossos olhos se abrirão"
   c. "Sereis como Deus"
   d. Essa perversão continuou (Rom.1:22)
2. Sua perversão da beleza (v. 13)
   a. As pedras preciosas lembram-nos do céu (Apoc. 21:18-21)
   b. Agora Satanás engana as pessoas impedindo-as do céu
   c. Ele usa frequentemente a cobiça do homem pelos tesouros terrenos para impedi-los do céu
3. Sua perversão da música (v. 13)
   a. A música deveria glorificar a Deus
   b. Satanás usa-a para glorificar o pecado e a si mesmo

C. OS PROPÓSITOS DE SATANÁS (Is. 14:12-15)

1. Aqui está uma outra descrição de Satanás e sua queda
2. Ele deseja enfraquecer as nações (v. 12)
3. Ele deseja tomar o lugar de Deus (v. 13-14)
   a. Esse é seu propósito na tentação
   b. Foi seu propósito no Éden e ainda é o seu propósito de agora
4. Satanás fará todo o possível para cumprir seus propósitos maus
   a. Ele mentirá e enganará (João 8:44; Apoc. 20:10)
   b. Não permita que ele te engane

III. CONCLUSÃO

A. CRISTO VEIO PARA DAR VIDA, SATANÁS PROCURA DESTRUIR

B. ESCOLHA AQUELE A QUEM VOCE SERVIRÁ

A IRA DE DEUS

Jó 36:18; Rom. 1:18; 2:5

I. INTRODUÇÃO

A. ESTES SÃO OS DOIS ASSUNTOS AOS QUAIS NÃO CORRESPONDEMOS

1. O amor de Deus que está além do nosso entendimento

2. A ira de Deus que está além de nossa compreensão

B. É CORRETO PREGAR ACERCA DA IRA DE DEUS?

1. É correto advertir as pessoas a abandonarem um edifício em chamas

2. É correto chamar a atenção para os sintomas evidentes de uma doença terminal

3. Somos obrigados a advertir acerca desses perigos reais

C. O QUE PODEMOS SABER ACERCA DA IRA DE DEUS?

II. CORPO DO SERMÃO

A. A IRA DE DEUS É REAL (Jó 36:18)

1. A Bíblia declara que a ira de Deus é real

2. Os Salmos contem muitas referências à ira de Deus

a. "Então lhes falará na sua ira" (2:5)

b. "O Senhor os consumirá na sua ira" (21:9)

c. "Quando a ira de Deus se levantou contra eles" (78:31)

3. João Batista perguntou: "Quem vos ensinou a fugir da ira vindoura?" (Mat. 3:7)

4. A ira de Deus permanece sobre os que rejeitam a Cristo (João 3:36)

B. A IRA DE DEUS É REVELADA (Rom. 1:18)

1. Deus não tem escondido sua ira

a. Sua ira foi revelada no Dilúvio (Gen. 6-8)

b. Sua ira foi revelada na destruição de Sodoma e Gomorra (Gen. 19)

2. A ira de Deus foi revelada contra as nações:

a. Contra Israel em pecado junto ao Sinai (Ex. 32:10)

b. Contra nações não judias ímpias (Ez. 25-26)

3. A ira de Deus foi revelada na cruz

a. Jesus tomou nosso lugar para salvar-nos dessa ira (Rom. 5:9)

b. "Deus meu, Deus meu, porque desamparaste-me?" (Mat. 27:46)

C. A IRA DE DEUS É ARMAZENADA (Rom. 2:5)

1. O privilégio de ajuntar tesouro celestial (Mat. 6:20)

a. Podemos também ajuntar ira

b. "Entesouras ira para ti " (Rom. 2:5)

2. Um dia de ira aproxima-se (Apoc. 6:17)

3. Deus mostrará sua ira durante o período da tribulação (Apoc. 14:14-20)

4. Ele mostrará sua ira nas sete últimas pragas (Apoc. 15)

5. Ele mostrará sua ira ao derramar das sete taças (Apoc. 16)

6. Ele mostrará sua ira no julgamento do Grande Trono Branco (Apoc. 20:11-15)

III. CONCLUSÃO

A. O SERMÃO DE JONATHAN EDWARDS: "PECADORES NAS MÃOS DE UM DEUS IRADO"

1. A pregação dele despertou sua igreja e precipitou um grande avivamento

2. Precisamos de mais pregação acerca da ira de Deus?

B. UM PROFETA CLAMOU POR MISERICÓRDIA NO DIA DA IRA (Sof. 2:1-3)

C. VENHA PARA CRISTO AGORA E ESCAPE DA IRA VINDOURA

D. JESUS TE RECEBERÁ COMO VOCE ESTÁ

O CAMINHO DA PERVERSÃO

Rom. 1:20-32

I. INTRODUÇÃO

A. UMA HISTÓRIA TRISTE DE PERVERSÃO DE PRÁTICA PÚBLICA

1. Um povo pervertido religiosamente (v. 24-25)
2. Um povo pervertido moralmente (v. 26-27)
3. Um povo pervertido intelectualmente (v. 28-32)

B. O QUE CAUSOU ESSA TRAGÉDIA?

1. Por que o povo se distanciaria tanto da verdade?
2. O que aconteceu de errado?

II. CORPO DO SERMÃO

A. ELES ESQUECERAM A POSIÇÃO (SOBERANIA) DE DEUS (v. 21)

1. "Não o glorificaram como Deus"
2. Fizeram isso mesmo tendo conhecido a Deus
   - *a. Não deram-lhe o primeiro lugar em suas vidas*
   - *b. Escolheram um modo de viver perigoso*
3. Cristo é o Senhor de tua vida?
   - *a. É o Senhor dos planetas o Senhor de teus planos?*
   - *b. É o Senhor das tempestades o Senhor da tua língua?*
   - *c. É o Senhor dos céus o Senhor do teu lar?*
   - *d. É o Senhor das eras o Senhor da tua agenda?*
4. Cristo deve ter a preeminência em nossas vidas (Col. 1:18)
5. Ele merece ter a primazia em nossos corações

B. ELES ESQUECERAM A PROVISÃO DE DEUS (v. 21)

1. "Nem lhe deram graças"

2. A ingratidão afetou sua visão espiritual e, consequentemente, sua perspectiva

3. "Corromperam suas imaginações"

   a. Atribuirão a si tudo aquilo que Deus lhes deu

   b. Orgulharam-se de suas supostas realizações

4. O orgulho obscureceu seus corações para o discernimento da vida

   a. Tornaram-se extremamente egoístas

   b. Deveriam ter se concentrado em Cristo

C. ESQUECERAM A PERSONALIDADE DE DEUS (v. 22-32)

1. "Dizendo-se sábios, tornaram-se tolos"

   a. Eles questionaram o Criador

   b. Rejeitaram a evidência do seu plano criador

2. Rejeitando o Criador caíram na idolatria

   a. Fizeram imagens de pessoas e animais

   b. Exaltaram a criação acima do Criador

3. A idolatria toma a forma da época existente

4. A idolatria conduziu à imoralidade

   a. A homossexualidade tornou-se desenfreada

   b. Tornaram-se escravos do pecado

III. CONCLUSÃO

A. DOIS CAMINHOS ABREM-SE DIANTE DE NÓS: AO PARAÍSO OU À PERVERSÃO

B. ESCOLHA A CRISTO, O CAMINHO PARA O PARAÍSO

UM SERMÃO PARA TEMPOS DIFÍCEIS

Salmo 121:1-2; João 4:35; Luc. 21:28

I. INTRODUÇÃO

A. TEMOS ADENTRADO EM ALGUNS TEMPOS DIFÍCEIS

1. Enfermidade e morte entraram em alguns de nossos lares
2. Condições econômicas difíceis tem-nos desencorajado
3. A frequência à igreja declinou

B. O QUE PODEMOS FAZER?

II. CORPO DO SERMÃO

A. PODEMOS LEVANTAR NOSSOS OLHOS POR SOCORRO (Salmo 121)

1. O salmista estava aflito
    - *a. Preocupou-se dia e noite*
    - *b. Temeu que estivesse escorregando para o perigo*
2. Decidiu então olhar para cima
    - *a. Olhou para o seu Criador onipotente (v. 2)*
    - *b. Olhou para o seu Senhor onipresente (v. 3-4)*
    - *c. Olhou para o seu Salvador compassivo (v. 5-6)*
    - *d. Olhou para seu Deus protetor (v. 7-8)*
3. Temos olhado para o Senhor para salvar-nos (Is. 45:22)
4. Podemos olhar para o Senhor para proteger-nos (Hebr. 13:5-6)

B. PODEMOS LEVANTAR NOSSOS OLHOS PARA A COLHEITA (João 4:35)

1. Levantemos nossos olhos e vejamos almas perdidas e perecendo
    - *a. Nossos problemas são pequenos em contraste com a angústia delas*
    - *b. O que pode ser pior do que ser destinado ao inferno?*
    - *c. Não é de admirar que Jesus clama para levantarmos nossos olhos!*

2. Olhemos para a Colheita e não para nossas dores

   a. *Assim fazendo, resolveremos muitos dos nossos problemas*

   b. *Uma visão missionária elimina a autopiedade*

3. Alcançar pessoas para Cristo traz alegria a crentes aflitos

   a. *Aqueles que semeiam em lágrimas colhem com alegria (Salmo 126:5)*

   b. *A Colheita transforma tristeza em júbilo (126:6)*

C. *PODEMOS LEVANTAR NOSSOS OLHOS PARA SEU RETORNO* (Luc. 21:28)

1. Os últimos dias serão caracterizados pela angústia (Luc. 21:25-26)

   a. *Cataclismo na natureza: terremotos e tempestades*

   b. *Angústia nas nações: tensões e guerra*

2. Tempos difíceis aproximam-se para o planeta Terra

   a. *Os cristãos têm uma mensagem para os tempos difíceis*

   b. *No dia sombrio, Deus prepara uma saída*

3. Os tempos difíceis são temporários

   a. *Isso é profeticamente verdadeiro: Cristo retornará*

   b. *Isso é verdadeiro na vida diária: tudo passará (I Pe. 1:6-7)*

III. CONCLUSÃO

A. *NOSSOS TEMPOS DIFÍCEIS NÃO TOMAM DEUS DE SURPRESA*

B. *OS CIDADÃOS DO CÉU NÃO DEVEM OLHAR PARA BAIXO* (Filip. 3:20-21)

C. *DEVEMOS TRATAR DOS NEGÓCIOS DO NOSSO PAI*

ENTENDIDOS NA CIÊNCIA DOS TEMPOS

I Cron. 12:32

I. INTRODUÇÃO

A. ERA TEMPO DE TRANSFORMAÇÃO SOCIAL E MUDANÇA PARA ISRAEL

1. Saul tinha cometido suicídio na batalha (10:4-6)
2. Davi tinha sido ungido rei (11:1-3)

B. QUEM SABIA O QUE FAZER NAQUELE TEMPO DIFÍCIL?

1. Os valorosos filhos de Issacar sabiam o que fazer
2. Eles tinham um discernimento dos tempos

C. O QUE DEVEMOS FAZER NESSES TEMPOS ESTRESSANTES?

II. CORPO DO SERMÃO

*A. DEVEMOS DISCERNIR OS SINAIS DOS TEMPOS (*Mat. 16:1-4)*

1. Os fariseus não conseguiam discernir os sinais dos tempos
   - *a. Jesus disse que eram apenas profetas metereológicos*
   - *b. Estavam procurando por algum sinal miraculoso*
   - *c. Fizeram vista grossa ao óbvio: a presença de Cristo*
2. Tome cuidado com aqueles que requerem conhecimento espetacular
   - *a. Referente a quando Cristo retornará*
   - *b. Referente a identidade do Anticristo*
3. Procure pelos sinais já revelados na Bíblia
   - *a. Decadência moral como nos dias de Noé (Luc. 17:27)*
   - *b. Erupções violentas na natureza (21:29)*
4. O discernimento desses sinais deveria ajudar-nos a ganhar pessoas para Cristo

B. DEVEMOS RECONHECER OS TEMPOS ESPECIAIS (19:44)

1. Jesus orou acerca dos tempos difíceis aproximando-se de Jerusalém
   a. *A cidade seria cercada pelos inimigos*
   b. *Desolação e destruição estavam diante*
2. Quais foram as razões das suas lágrimas?
   a. *Jerusalém tinha-o rejeitado apesar de ter recebido grande esclarecimento*
   b. *Seus habitantes falharam em reconhecer esse tempo especial ("o tempo da tua visitação")*
3. É esse um tempo especial em tua vida?
   a. *Está Deus tornando você consciente dos teus pecados?*
   b. *Não estristeça a Cristo não reconhecendo tua oportunidade de recebê-lo*

C. DEVEMOS RESGATAR ESSES TEMPOS PECAMINOSOS (Ef. 5:16)

1. "Usando bem cada oportunidade, porquanto os dias são maus"
2. Aproveitando oportunidades para testemunhar
   a. *Tornando nossa prioridade ganhar almas*
   b. *Vendo as pessoas como Deus as vê*
3. Observando a iniquidade aumentar nos últimos dias (Mat. 24:12)
4. Sendo luzeiros neste mundo tenebroso (Filip. 2:15)

III. CONCLUSÃO

A. É TEMPO DE DESPERTAR (Rom. 13:11)

B. SABEMOS O QUE FAZER - ENTÃO FAÇAM-NO!

POR QUE CULTUAR NO DOMINGO?

Atos 20:7

I. INTRODUÇÃO

A. A MAIOR PARTE DOS CRISTÃOS NO DOMINGO

B. POR QUE O DOMINGO TORNOU-SE O DIA DE CULTO?

C. QUAIS OS MOTIVOS BÍBLICOS PARA O CULTO PÚBLICO NO DOMINGO?

II. CORPO DO SERMÃO

A. DOMINGO É O DIA DA RESSURREIÇÃO (Luc. 24:1)

1. A Ressurreição prova a divindade de Cristo (Rom. 1:4)
2. Não haveria igreja sem a Ressurreição (I Cor. 15:14)
3. Não haveria salvação sem a Ressurreição (15:17)
4. A Ressurreição autenticou os ensinos de Cristo (João 2:18-21)
    a. A resposta de Cristo para os que procuravam sinal de autoridade
    b. O dia da Ressurreição é um dia apropriado para o ensino de sua Palavra
5. O domingo é um dia excelente para celebrar a nova vida

B. O DOMINGO ERA DIA DE CULTO PARA OS CRISTÃOS (At. 20:7)

1. O que se faz num dia de culto?
    a. Um dia para oração e pregação do evangelho
    b. Um dia de comunhão com crentes e celebração da Ceia do Senhor
    c. Um dia para ofertas ao Senhor

2. O primeiro dia da semana era para a Ceia do Senhor e pregação (20:7)

3. O primeiro dia da semana era para trazer ofertas para a igreja (I Cor. 16:2)

4. Por que os cristãos primitivos iam ao templo no sábado?

a. No sábado evangelizavam no templo

b. No domingo eles cultuavam nas reuniões das igrejas

c. No domingo seguimos seu exemplo quanto ao culto público

C. O DOMINGO COMEMORA A LIBERTAÇÃO DA LEI (Gal. 2:16)

1. Cristo morreu para libertar-nos da lei (2:21)

2. Ninguém pode ser justificado por guardar a lei (3:11)

3. Somos salvos pela graça, mediante a fé (Ef. 2:8-9)

a. Nenhuma quantia de lei guardada ou outras obras podem salvar-nos

b. Devemos celebrar nossa libertação da lei

4. A graça requer um padrão mais elevado do que a lei (Rom. 7:6)

a. O espírito da lei requer maior santidade

b. A lei requeria que Israel descansasse no sábado

c. Sob a graça descansamos e cultuamos um dia por semana

d. Durante séculos, a maioria dos cristãos tem feito do domingo esse dia de descanso e culto

5. Inácio de Antioquia disse no ano 110 d.C.: "Aqueles que andavam nas práticas antigas, conseguiram uma novidade de esperança, não mais observando os sábados, mas moldando suas vidas conforme o Dia do Senhor, no qual nossa vida também ressuscitou através dele, a fim de que pudéssemos ser discípulos de Cristo, nosso único Mestre"

III. CONCLUSÃO

A. AGUARDAR UM CERTO DIA DE CULTO NÃO NOS SALVA (Rom. 14:5)

B. O CRESCIMENTO NA GRAÇA ADVÉM TANTO DO CULTO PÚBLICO QUANTO PARTICULAR

1. Devemos realizar o culto particular todos os dias

2. O domingo é um dia apropriado para o culto público (Col. 2:16-17)

ISABEL: A MÃE NO PATAMAR MAIS ELEVADO

Dia das Mães | *Luc. 1:39-40*

I. INTRODUÇÃO

A. MARIA FOI À REGIÃO MONTANHOSA VISITAR SUA PRIMA ISABEL

1. O anjo Gabriel tinha visitado Maria

2. O anjo Gabriel contara-lhe acerca do milagre do nascimento de Cristo, próximo

3. As duas mulheres fiéis – Maria e Isabel – compartilharam uma experiência num patamar mais elevado

B. ISABEL PARECE TER VIVIDO NO PATAMAR SUPERIOR

1. Ela e seu marido andavam com o Senhor (1:5-6)

2. Ela não se lamentou, mesmo tendo dificuldade em ser mãe

C. QUE ESPÉCIE DE MULHER FOI ISABEL?

II. CORPO DO SERMÃO

A. ELA FOI UMA MULHER DE ORAÇÃO (v. 6)

1. Ela era justa diante de Deus
   a. As boas obras não podem tornar-nos justos (Tito 3:5)
   b. Somos justificados pela fé (Rom. 4:1-5; 10:1-4)
   c. Portanto, ela foi uma mulher de fé

2. Fé e oração andam de mãos dadas

3. Isabel e Zacarias estiveram orando por um filho (v. 13)

4. Mães que oram tem conseguido grandes coisas
   a. A mãe de Moisés inculcou-lhe fé
   b. A fé de uma mãe libertou sua filha endemoninhada (Mat. 15:21-28)
   c. Loide e Eunice ensinaram a Palavra de Deus a Timóteo (II Tim. 1:5)

B. ELA FOI UMA MULHER DE PACIENCIA (v. 24-25)

1. Isabel ficou escondida por cinco meses
    - *a. Algumas mulheres teriam dado a notícia imediatamente*
    - *b. Isabel, porém, quis tempo a sós com Deus para alegrar-se e louvá-lo*
2. O regozijo público podia esperar
    - *a. Ela estava dentro do tempo de Deus*
    - *b. Outro grande milagre estava em formação*
3. Carregar um filho é um tempo de espera que exige paciência
4. A paciência das mães que oram tem transformado muitas vidas
    - *a. Quanto tempo tua mãe esperou e orou para você crer em Cristo?*
    - *b. Não deixe-a esperar ainda mais*

C. ELA FOI UMA MULHER QUE INFLUENCIOU OUTROS (v. 41-79)

1. Maria chegou, e Isabel alegrou-se
    - *a. "Bendita és tu entre as mulheres"*
    - *b. "Bendito é o fruto do teu ventre"*
    - *c. Isabel considera o filho de Maria como superior ao seu próprio*
2. Maria foi motivada a proclamar o Magnificat = Cântico de Maria (v. 46-55)
3. Isabel gerou um filho e chamou-o João
    - *a. Zacarias pôde falar novamente*
    - *b. Ele rompeu o silêncio proferindo o Beneditcus = Cântico de Zacarias (v. 67-79)*

III. CONCLUSÃO

A. LOUVADO SEJA DEUS POR MÃES QUE ORAM E PACIENTES

B. LOUVADO SEJA DEUS POR MÃES QUE INFLUENCIAM OUTROS A GRANDES COISAS

A MÃE QUE CONSAGROU SEU FILHO A DEUS

I Sam. 1-2

I. INTRODUÇÃO

A. ANA ERA UMA MULHER COM UM FARDO E UM SONHO

1. Ana era a esposa estéril de Elcana

   a. Penina, a outra esposa de Elcana, tinha filhos

   b. Penina zombava de Ana porque era estéril (1:6)

2. Elcana amava Ana, mas ela ainda sentia-se incompleta

B. ANA TEVE UM DIA DE TRANSFORMAÇÃO DE VIDA NO TEMPLO

1. Ana foi ao templo com seu marido

2. Ela voltou para casa certa de que geraria um filho

C. QUE TIPO DE MULHER ERA ESSA MÃE MILAGRE?

II. CORPO DO SERMÃO

A. ELA FOI UMA MULHER QUE PERSISTIU NA ORAÇÃO (1:10-17)

1. Ana tinha orado longo tempo por um filho sem receber uma resposta

   a. Anos se passaram e ela ainda era estéril

   b. Lágrimas foram vertidas e ainda não tinha um filho

2. A persistência na oração é valiosa (1:10)

   a. Ela orou quando sentiu-se deprimida

   b. Ela orou até que suas lágrimas viraram orações líquidas

3. Ana orou sem egoísmo e fervorosamente (v. 11-17)

   a. Ela prometeu consagrar seu filho ao Senhor

   b. Eli ficou tão comovido pela sua oração que profetizou que ela teria um filho

B. ELA FOI UMA MULHER QUE CUMPRIU SUAS PROMESSAS (1:18-28)

1. Ana parou de chorar e começou a louvar (v. 18-19)

2. O milagre: Samuel nasceu em resposta à sua oração

a. Ana escolheu não ir ao templo até Samuel ser desmamado

b. Ela foi mais tarde para cumprir sua promessa a Deus

3. Dois grandes eventos ocorreram na vida de Ana quando ela foi ao templo:

a. Ela testemunhou a oração respondida: "Por esse filho eu orava"

b. Ela consagrou Samuel ao Senhor por toda vida (v. 28)

4. É importante cumprir nossas promessas com Deus

5. Não devemos esquecer nossa parte quando Deus vem ao nosso encontro

C. ELA FOI UMA MULHER QUE CONTINUOU LOUVANDO (2:1-10)

1. "Oração e louvor são companhias felizes"(C. H. Spurgeon)

2. Ana louvou ao Senhor por diversas razões:

a. Ela louvou ao Senhor por sua salvação (v. 1)

b. Ela louvou ao Senhor por sua santidade (v. 2)

c. Ela louvou ao Senhor por sua fidelidade (v. 2)

d. Ela louvou ao Senhor por seu poder (v. 5-6)

e. Ela louvou ao Senhor por sua compaixão

f. Ela louvou ao Senhor pelas suas vitórias presentes e futuras (v. 10)

III. CONCLUSÃO

A. PRECISAMOS DE MÃES QUE OREM, QUE CUMPRAM PROMESSAS, QUE LOUVEM

B. OS FILHOS DE MÃES IGUAIS A ANA SÃO, DE FATO, FELIZES

O Passado, Presente e Futuro de Todo Cristão

Efésios 2:1-7

I. INTRODUÇÃO

A. TRÊS OLHARES DE COMUNHÃO

1. Olhamos para trás para lembrar a morte de Cristo por nós
2. Olhamos para dentro para enfrentar o que está dentro de nós
3. Aguardamos a volta do Senhor para nós

B. TRÊS OUTROS OLHARES IMPORTANTES

1. Precisamos olhar para o passado para sermos humildes
2. Precisamos olhar para o presente para sermos gratos
3. Precisamos olhar para o futuro para sermos felizes

II. CORPO DO SERMÃO

A. O PASSADO DE TODO CRISTÃO (v. 1-3)

1. Não vemos uma imagem agradável quando olhamos para trás honestamente

2. Estávamos todos mortos em delitos e pecados

3. Todos nós andamos de acordo com o curso deste mundo pecaminoso (1 João 2:15-17)

   a. Estávamos vivendo para obter (a luxúria da carne)
   b. Estávamos vivendo para olhar (a luxúria dos olhos)
   c. Estávamos vivendo para regozijar (o orgulho da vida)

4. Fomos vencidos por Satanás ("o príncipe das potestades do ar")

   a. Nossas vidas foram centradas na luxúria
   b. Nossas mentes foram cativadas pela ganância

5. Merecíamos a ira de Deus (João 3:36)

B. O PRESENTE DE TODO CRISTÃO (v. 4-6)

1. Temos a benção do "mas" da salvação: "Mas Deus"

   a. Mas Deus é rico em misericórdia

   b. Deus é rico em tudo que tem a ver com a salvação

   c. Seu amor entra em nossas vidas e as transforma

2. Estávamos mortos, mas Ele nos deu vida (v. 5-6) uma. Estávamos mortos em delitos e pecados

   b. Agora estamos vivos em Cristo

   c. Esta nova vida é o resultado de Sua graça

3. Estamos assentados nas regiões celestiais com Cristo

   a. Isso tornou-se possível por sua morte na cruz em nosso favor

   b. Nós que estávamos separados fomos aproximados por sua graça

C. O FUTURO DE CADA CRISTÃO (v.7)

1. O melhor, porém, está por vir

2. As eras futuras detém grandes bênçãos para os crentes em Cristo

   a. Demonstrações das riquezas da graça de Deus a nós

   b. Experiências que provam sua bondade por nós

3. A graça de Deus não se esgotou na salvação

   a. Aquele foi apenas o começo de muitas gentilezas

   b. Não é de se admirar que a graça será o nosso cântico para o fim das eras

III. CONCLUSÃO

A. NOSSO PASSADO, PRESENTE E FUTURO DEVEM MOTIVAR-NOS SERVIR A CRISTO

B. O QUE VOCÊ ESTÁ FAZENDO AGORA MESMO POR ESSE SALVADOR MARAVILHOSO?

A BOA OBRA

Filipenses 1:6

I. INTRODUÇÃO

A. RECORDANDO O DIA DA TUA CONVERSÃO

1. "Feliz o dia em que aceitei..." (H. C. C. 297)
2. Lembra você quando nasceu de novo?

B. A VIDA CRISTÃ É MAIS DO QUE PRATICAR RELIGIÃO

1. Ser batizado e ser membro da igreja não salvam
2. Cerimônias religiosas e opiniões não salvam

C. O QUE DEUS TEM FEITO EM TUA VIDA?

II. CORPO DO SERMÃO

A. A OBRA DE DEUS EM VOCÊ TEVE UM COMEÇO

1. "Aquele que em vós começou a boa obra
2. Nem sempre você tem sido um cristão
3. Mesmo assim você tem sido beneficiário das bênçãos de Deus
   a. A chuva cai sobre o justo e o injusto
   b. Todos somos favorecidos pela obra natural e milagres de Deus
4. Os crentes são alvos de uma obra de Deus especial neles
   a. Uma obra do Espírito de Deus trouxe convicção de pecado
   b. Uma obra de Deus que capacita-os a entender o evangelho
   c. Uma obra de Deus que levou-os à fé em Cristo
5. Aconteceu um começo novo em tua vida?
6. O novo nascimento é absolutamente necessário para entrar no céu (João 3:1-5)

B. A OBRA DE DEUS EM VOCE É UMA BOA OBRA

1. "Uma boa obra em vós"
2. Algumas pessoas temem permitir Deus operar nelas
   a. Elas temem que Deus possa embaraçá-las
   b. Elas temem que Deus possa retirar algo delas
   c. Elas temem tornar-se religiosos fanáticos
3. Mas Deus trabalha para o nosso bem
   a. A salvação é uma obra boa
   b. O discipulado é uma obra boa
   c. Avivamento pessoal é uma obra boa
4. Deus opera em nós através de três coisas:
   a. A Bíblia (Hebr. 4:12)
   b. Seu Espírito (João 14)
   c. As circunstâncias (Rom. 8:28)

C. A OBRA DE DEUS EM VOCÊ É CONTÍNUA

1. Ele "a aperfeiçoará até o dia de Jesus Cristo"
2. Deus ainda não a completou em você
3. A obra de Deus é permanente
4. O propósito da obra de Deus é tornar-te mais semelhante a Jesus (Rom. 8:28-29)
5. O que Deus precisa fazer em você para cumprir seu propósito?

III. CONCLUSÃO

A. RECONHEÇA A OBRA DE DEUS EM VOCÊ E COOPERE COM ELE

B. CORRESPONDA À OBRA DE DEUS EM VOCÊ HOJE

PEDRAS MEMORIAIS

Josué 4

I. INTRODUÇÃO

A. O QUE TORNA MEMORIAL A VOCÊ UM DIA MEMORÁVEL?

1. Relembrar viagens com a família para decorar túmulos?
2. Ler epitáfios sobre lápides?

B. QUANDO DEUS REQUEREU PEDRAS MEMORIAIS

1. Pedras a serem tiradas do Rio Jordão
2. Pedras a serem colocadas no Rio Jordão

II. CORPO DO SERMÃO

A. PEDRAS PARA RELEMBRAR AQUELES QUE DERAM SUAS VIDAS (v. 1-3)

1. Israel precisava atravessar o Jordão para entrar na Terra Prometida
   - *a. O Jordão estava transbordando*
   - *b. Cruzá-lo então parecia impossível*
2. A instrução de Deus a Josué pareceu estranha (3:13-16)
   - *a. Os sacerdotes entrariam na água*
   - *b. Naquele momento o Jordão se dividiria*
3. Os sacerdotes, em princípio, deram suas vidas
   - *a. O primeiro passo poderia tê-los levado ao afogamento*
   - *b. Em vez disso, isso libertou-os e a todo o Israel*
4. Muitas pessoas deram suas vidas pela liberdade
   - *a. Esse fato é verdadeiro, mesmo se tivessem sobrevivido à guerra*
   - *b. Devemos relembrá-los*

B. PEDRAS PARA RELEMBRAR UM GRANDE MILAGRE (v. 4-8)

1. O Jordão transbordante abriu-se diante do povo

   a. As águas amontoaram-se na parte de cima (3:16)

   b. Retrospectiva da abertura do Mar Vermelho

2. A Ceia do Senhor e o batismo são memoriais de um grande milagre:

   a. Cristo morreu e ressuscitou

   b. Esse foi o maior milagre das eras

3. Os israelitas tomaram pedras do Rio Jordão para carregá-las na sua jornada

   a. Temos uma missão em nossa jornada

   b. Devemos levar a mensagem da morte e ressurreição de Cristo

C. PEDRAS PARA RELEMBRAR A TRAVESSIA DO JORDÃO SALVOS (4:9-24)

1. Todo o povo de Israel atravessou sobre terra seca (3:17)

2. Colocaram no Jordão as pedras como memoriais do milagre

3. O Jordão transbordante é um símbolo da morte

   a. A morte acontece a todos (Hebr. 9:27)

   b. Mesmo todos os crentes devem atravessar esse rio

   c. Mas não atravessaremos o Jordão sozinhos (Salmo 23:4)

   d. A ressurreição de Cristo prova que atravessaremos o Jordão salvos (I Cor. 15:20)

4. Não nos admira por encontrarmos conforto quando queridos morrem (I Tess. 4:13-18)!

III. CONCLUSÃO

A. AS PEDRAS MEMORIAIS LEMBRAM-NOS DE QUE A VIDA É CURTA

B. A FÉ EM CRISTO PREPARA-NOS PARA O CÉU

C. LEMBRARÃO OUTROS DE QUE VOCÊ ATRAVESSOU O JORDÃO SALVO?

A ÚLTIMA BEM-AVENTURANÇA DA VIDA

Apoc. 14:13

I. INTRODUÇÃO

A. ESTAMOS ACOSTUMADOS COM AS BEM-AVENTURANÇAS DE JESUS

1. Aqui está uma bem-aventurança proferida por uma voz do céu desconhecida

2. É uma bem-aventurança de conforto para todos que perderam queridos pela morte

B. É UMA BEM-AVENTURANÇA PARA O FINAL DA VIDA DE UM CRENTE

1. "Bem-aventurados os mortos". Isso pode ser verdade?

2. A chave desse mistério é que essas pessoas "morrem no Senhor"

C. QUE BENÇÃOS RECEBEM OS CRENTES QUE MORREM?

II. CORPO DO SERMÃO

A. A BENÇÃO DO DESCANSO

1. "Para que descansem de seus trabalhos"

2. O contexto dessa bem-aventurança é o período da Tribulação na Terra

a. Cento e quarenta e quatro mil crentes seguiam o Cordeiro (v. 1-5)
b. Essas pessoas eram pregadores do evangelho (v. 6)
c. Elas suportaram grande perseguição, até martírio
d. Agora elas encontraram descanso junto de seu Senhor

3. Muitas pessoas estão cansadas dos longos anos de labor

4. Algumas pessoas estão cansadas de suportar provações árduas

5. Outros estão cansados pelos anos de enfermidade

6. Soldados antigos podem estar cansados de lutar pela liberdade

7. O céu trará o descanso longamente esperado

B. A BENÇÃO DE RECOMPENSAS

1. "Suas obras os acompanham"

2. Não somos salvos pelas obras (Ef. 2:8-10)

   a. Somos salvos pela graça, mediante fé

   b. Mas os salvos são obra de Deus, criados para as boas obras

3. As boas obras do crente trazem recompensas no céu

   a. Recompensas por suportar perseguição por Cristo (Mat. 5:12)

   b. Recompensas por amar inimigos e fazer o bem (Luc. 6:35)

   c. Recompensas por serviço fiel (I Cor. 3:8-14)

   d. Recompensas por serviço de boa vontade (I Cor. 9:17)

4. Os poucos fiéis que servem bem agora serão recompensados naquela ocasião

C. A BENÇÃO DA REUNIÃO

1. Os salvos se reunirão com os queridos crentes

   a. O céu é um lugar de reunião

   b. Reconheceremos nossos queridos no céu

2. Nosso Senhor proferiu palavras de conforto a seus discípulos (João 14:1-3)

   a. Não deveriam ficar aflitos por sua morte próxima

   b. Ele estava indo preparar um lugar para eles

   c. Eles o encontrariam no céu e estariam com Ele para sempre

3. Usufruiremos os "não mais" do céu: não mais morte, tristeza, choro e sofrimento (Apoc. 21:4)

III. CONCLUSÃO

A. CADA CRENTE MORRE COM UMA BEM-AVENTURANÇA

B. PODEMOS ESTAR CERTOS DE QUE O MELHOR AINDA ESTÁ POR VIR (Rom. 8:18)

DANIEL: O HOMEM QUE APRENDEU OS SEGREDOS DE DEUS

Daniel 1:1-20

I. INTRODUÇÃO

A. O LIVRO ATRAENTE DE DANIEL

1. Um livro de aventuras de fé
2. Um livro que prevê o futuro

B. A VIDA ATRAENTE DE DANIEL

1. Levado cativo de Judá para Babilônia
2. Escolhido como um dos quatro para servir Nabucodonosor
3. Apresentou o plano de Deus para o futuro

C. PORQUE DEUS COMPARTILHOU SEUS SEGREDOS COM DANIEL

II. CORPO DO SERMÃO

A. O CORAÇÃO PURO DE DANIEL (v. 8)

1. "Daniel propôs no seu coração"
    a. Influenciou Sadraque, Mesaque e Abede-nego
    b. Propuseram manter seus corações puros para o Senhor
2. A decisão de Daniel exigiu fé e coragem
    a. "O segredo do Senhor é para aqueles que o temem (Salmo 25:14)
    b. Deus revela seus segredos para aqueles que nele confiam
3. Davi também chegou a desejar um coração puro (51:10)
4. A decisão de Daniel afetou suas escolhas na vida
    a. Ele recusaria o vinho e a carne do rei
    b. Ele viveria diferentemente de seus capturadores

B. A VIDA CONSISTENTE DE DANIEL (v. 8-10)

1. A decisão não está longe da realidade

    a. *Ao teste com certeza seguirá o testemunho*

    b. *O chefe dos eunucos chegou com o vinho e a carne do rei*

2. Daniel pediu para não tomar seu alimento e bebida

    a. *Ele com respeito constatou suas convicções*

    b. *Sua vida consistente afetou-o e levou-o a concordar*

3. O exemplo de coragem e de fé de Daniel venceu os temores do chefe dos eunucos

C. A CONFIANÇA DE DANIEL EM DEUS (v. 11-16)

1. O teste da fé: "Experimenta os teus servos"

2. Fazendo dieta numa terra de abundância

    a. *Uma sopa de vegetais mais saborosa do que vinho e carne*

    b. *A obediência a Deus torna a vida mais agradável*

3. Resultados desse teste de fé e obediência

    a. *Daniel e seus amigos ficaram mais saudáveis do que outros*

    b. *Mesmo os incrédulos veem a diferença*

III. CONCLUSÃO

A. AQUELES QUE VIVEM NA INTIMIDADE COM DEUS APRENDEM SEUS SEGREDOS

1. Aos quatro jovens fiéis Deus deu o conhecimento, a inteligência em aprender todas as letras e a sabedoria

2. A Daniel foi dado entendimento dos segredos de Deus

3. Spurgeon: "Os santos podem entender os mistérios celestiais. Eles tinham sido iniciados na confraternidade dos céus"

B .QUÃO ÍNTIMO VOCÊ VIVE COM DEUS?

DANIEL TEM VISÕES DO FUTURO

Daniel 2

I. INTRODUÇÃO

A. O CAPÍTULO DO "ABC" PARA O ESTUDO DE PROFECIA

1. Um capítulo fundamental para compreender o plano profético de Deus

2. Traçando um roteiro através das eras, do cativeiro ao Reino

B. FATOS FUNDAMENTAIS DO CAPÍTULO

1. Daniel e três amigos estão cativos na Babilônia

2. Nabucodonosor, orei, tem um sonho profético

3. O dilema do rei foi que ele não podia recordar seu sonho

   a. Ele exigiu que seus conselheiros lhe dissessem o significado do sonho (v. 5)

   b. A execução vinha a seguir porque não podiam fazê-lo (v. 11)

4. Diante da morte, Daniel e seus amigos foram orar (v. 14-18)

   a. Eles sabiam para onde se dirigir numa crise

   b. Sempre é melhor orar do que entrar em pânico

II. CORPO DO SERMÃO

A. A INFORMAÇÃO DE DANIEL ACERCA DOS REINOS DA TERRA (v. 19-43)

1. O sonho do rei revelado a Daniel (v. 19)

   a. Daniel louvou a Deus por sua revelação (v. 19-22)

   b. Daniel testifica-o a Nabucodonosor (v. 24-30)

2. A estátua de ouro, prata, bronze, ferro e ferro misturado com barro (v. 32-33)

3. A interpretação de Daniel acerca do sonho do rei (v. 36-45)

a. A cabeça de ouro: Nabucodonosor e seu reino

b. O peito e os braços de prata:o império medo-persa

c. O ventre e as coxas de bronze: o império grego

d. As pernas de ferro:o império romano

e. Os pés em parte de ferro e em parte de barro: a forma final do império romano

4. A pedra que caiu sobre o ferro e o barro: o Reino de Cristo

B. DISCERNIMENTOS DE DANIEL ACERCA DO REINO DE CRISTO (v. 44-45)

1. Cristo é a pedra cortada sem auxílio de mãos (Salmo 118:22)

2. A união europeia (o império romano restaurado) é um sinal dos últimos dias

3. João e Daniel concordam (Apoc. 13:1; 17:12-18)

4. A pedra esmiuçará o ferro e o barro (v. 34)

5. O Deus do céu estabelecerá seu reino (v. 44-45)

a. Cristo será o rei (Apoc. 19)

b. O reino de Cristo jamais será destruído

C. O IMPACTO DE DANIEL SOBRE O REI DA BABILONIA (v. 46-49)

1. O erro de Nabucodonosor: ele adorou Daniel

2. A conclusão correta do rei

a. O Deus de Daniel está acima de todos outros

b. Ele é Deus dos deuses, o Senhor dos reis, o revelador dos mistérios

3. O rei constituiu a Daniel como governador da província da Babilônia

III. CONCLUSÃO

A. O REI ESTÁ VINDO. VOCÊ ESTÁ PRONTO?

B. VOCÊ CONHECE ESSE REI ETERNO COMO TEU SALVADOR E SENHOR?

OS IMPÉRIOS DA TERRA E A ETERNIDADE

Daniel 7

I. INTRODUÇÃO

A. DANIEL: O LIVRO DA REVELAÇÃO NO V.T.

1. Necessário para compreender profecia
2. Tão exato no cumprimento que os críticos não conseguem explicá-lo

B. O SONHO DO INTÉRPRETE

1. O sonho de Nabucodonosor é interpretado no Capítulo 2
2. Agora Daniel tem um sonho seu para interpretar

C. O SONHO DE DANIEL E SUA INTERPRETAÇÃO

II. CORPO DO SERMÃO

A. OS IMPÉRIOS (v. 1-7)

1. Daniel tem um sonho acerca de animais
2. O sonho de Daniel está relacionado com o sonho de Nabucodonosor
   a. *O sonho de Nabucodonosor considera os impérios da perspectiva da Terra*
   b. *O sonho de Daniel considera os impérios como Deus os vê*
3. O leão representa o império babilônico
   a. *No princípio é tão forte como um leão, mas depois tão fraco como um homem*
   b. *Observe a humilhação de Nabucodonosor em Daniel 4*
4. O urso representa o império medo-persa
   a. *Levantado de um lado: os persas eram mais fortes*
   b. *Três costelas: as três cidades principais da Babilônia*

5. O leopardo representa o império grego

   a. Alexandre, o Grande, conquistava com rapidez de relâmpago

   b. Por fim, o império foi controlado por quatro generais

6. O quarto animal representa o império romano

B. O TEMPO FINAL (v. 7-8)

1. O quarto animal terrível tinha dez chifres

   a. No sonho de Nabucodonosor, a estátua tinha dez dedos

   b. É comparado ao império maligno que está por vir (Apoc. 13:1; 17:12)

2. O pequeno chifre estava falando grandes coisas: o maligno

   a. Ele terá grande poder

   b. Ele derrubará três líderes

   c. Ele irá se opor e tentará destruir o povo de Deus

3. Esse maligno será eloquente e convincente, muitas pessoas o seguirão

   a. Todas as nações se submeterão a ele

   b. Os verdadeiros cristãos resistirão a ele e serão perseguidos

C. O Reino Eterno (v. 9-14)

1. Todos os tronos terrenos finalmente serão derrubados

2. Cristo, O Ancião de Dias, virá para reinar

3. O reino será entregue aos santos (v. 27)

4. O reino durará para sempre (v. 9, 14)

III. Conclusão

A. NÓS ESTUDAMOS A PRÉVIA DO DRAMA DOS TEMPOS

B. NÓS VIMOS UMA IMAGEM CLARA DO CONFLITO FINAL QUE ESTÁ POR VIR

C. QUEM ESTÁ AO LADO DO SENHOR HOJE?

O TEMPO DO FIM

Daniel 12

I. INTRODUÇÃO

A. TEMPOS DIFÍCEIS PELA FRENTE (v. 1)

1. Olhando para a frente, Daniel vê a tribulação
2. Esse será o tempo mais terrível da Terra (Mat. 24:21)

B. REVELAÇÕES REFERENTES À RESSURREIÇÃO

1. Alguns ressuscitarão para a vida eterna
2. Alguns ressuscitarão para o desprezo e vergonha eternos
3. Os ganhadores de almas receberão galardões eternos

C. O QUE SERÁ O TEMPO DO FIM?

II. CORPO DO SERMÃO

A. UM TEMPO DE CORRERIA (v. 4)

1. "Muitos correrão de uma parte para outra"
   a. Esse é um comentário do nosso tempo
   b. Todos estão em movimento
2. Agendas cheias controlam as famílias
3. Velocidade e facilidade de viajar são sem precedentes
   a. Rodovias congestionadas são a norma por todos os lugares
   b. Milhares de pessoas ficam usualmente velozes
   c. Contraste nosso tempo de velocidade e viagem com qualquer outro período da história
4. Tristemente, muitos de nós estamos ocupados demais para separar tempo para Deus
5. Voce está tão ocupado para tirar tempo para Deus?

B. UM TEMPO MAGNÍFICO (v. 4)

1. "e a ciência se multiplicará"
2. O aumento de conhecimento explodirá no tempo final
   a. Um aumento no conhecimento científico
   b. Um aumento no conhecimento medicinal
   c. Um aumento no conhecimento tecnológico
3. Agora temos "inteligência artificial"
   a. A era do computador com todas as suas maravilhas
   b. Afeta todas as áreas da vida e cumpre profecia
4. Novos meios de comunicação continuam a modificar nossas vidas
5. Desde que a ciência se multiplica, a aceleração do conhecimento aumenta

C. UM TEMPO IRRACIONAL (v. 10)

1. "Nenhum dos ímpios entenderá"
2. A iniquidade aumentará apesar de aumentar o esclarecimento
   a. "Os ímpios procederão impiamente"
   b. A educação não melhora a iniquidade
3. Compare com a descrição de Paulo acerca desse tempo (II Tim. 3)
4. "Sempre aprendendo, mas nunca podendo chegar ao pleno conhecimento da verdade" (v. 7)

III. CONCLUSÃO

A. OS BEM-AVENTURADOS DO TEMPO DO FIM

1. Eles são purificados (I João 3:3)
2. "Os sábios entenderão"

B. BENÇÃOS OU CEGUEIRA ESPIRITUAL: QUAL SERÁ?

LIÇÕES PROFÉTICAS EM UM CEMITÉRIO

Ez. 37:1-14

I. INTRODUÇÃO

A. VISÃO ESTRANHA DE EZEQUIEL

1. Uma viagem ao cemitério revela um vale de ossos humanos
2. Os ossos juntaram-se
3. Estavam cobertos com carne, mas não havia fôlego neles
4. Finalmente veio o fôlego, e eles tornaram-se um exército

B. O SIGNIFICADO DA VISÃO

1. Os ossos representam Israel (v. 11)
2. As sepulturas são as nações para as quais Israel tinha sido dispersado
3. O movimento dos ossos é seu retorno para sua pátria
4. Fôlego e vida referem-se à sua conversão futura a Cristo

C. OS PRINCÍPIOS DE VIDA NESTE QUADRO PROFÉTICO

II. CORPO DO SERMÃO

A. O PECADO TRAZ CASTIGO E JULGAMENTO (v. 1-3)

1. Moisés profetizou o futuro de Israel
   - *a. Bênçãos pela obediência (Deut. 28:1-4)*
   - *b. Castigo pela desobediência (28:15-68)*
2. O povo escolheu desobedecer, e segue-se a tribulação
   - *a. Cativeiro pelos assírios*
   - *b. Cativeiro pelos babilônios*

3. Um remanescente retornou sob Esdras e Neemias

   a. *Aconteceu um avivamento temporário*

   b. *A desobediência retornou, e a disciplina voltou*

4. Os romanos os conquistaram e os oprimiram

5. Cristo veio, foi rejeitado e crucificado

6. Seguiram-se séculos de perseguição

B. DEUS FALA AOS AFLITOS E OPRIMIDOS (v. 4-6)

1. "Profetiza sobre esses ossos"

   a. *Essa foi uma ordem estranha*

   b. *Deus ainda fala para aqueles que estão mortos em pecado*

2. "Farei entrar em vocês o fôlego de vida"

3. Nosso Senhor chama aqueles a quem consideramos estar muito longe da esperança

   a. *"Vinde agora e arrazoemos" (Is. 1:18)*

   b. *"Vinde a mim todos os que estais cansados" (Mat. 11:28)*

4. Deus chama o perdido e o apóstata

5. Você já respondeu ao seu chamado?

C. DEUS VAI AO NOSSO ENCONTRO ONDE ESTAMOS E DÁ-NOS A VIDA (v. 7-14)

1. Os ossos juntaram-se, ganharam carne, mas não fôlego de vida

2. O fôlego de vida veio e surgiu um grande exército

3. O retorno de Israel para sua pátria é um milagre profético

III. CONCLUSÃO

A. CRISTO DÁ VIDA PARA AQUELES QUE ESTÃO MORTOS NO PECADO (João 11:25)

B. CONFIE EM CRISTO E VOLTE À VIDA!

QUÃO PRÓXIMO ESTÁ O TEMPO FINAL?

Mat. 24

I. INTRODUÇÃO

A. AQUELES DISCÍPULOS CURIOSOS (v. 3)

1. "Que sinal haverá da tua vinda?"
2. Muitas pessoas têm repetido esta pergunta através dos séculos

B. JESUS RESPONDENDO A PERGUNTA SECULAR

1. Este capítulo fornece os sinais do retorno de Cristo
2. Eles descrevem as condições em nosso tempo?

II. CORPO DO SERMÃO

A. GUERRAS E RUMORES DE GUERRAS (v. 6-7)

1. As guerras têm estado em evidência através da história
2. Atualmente, porém, a guerra é mais mortal
   - *a. Armas de poder imenso para mutilar e matar*
   - *b. Armas que cruzam continentes em minutos*
3. Paulo acrescenta a dimensão da "paz" a essa profecia
   - *a. A paz parece estar quase ao nosso alcance*
   - *b. A obsessão pela paz no Oriente Médio*
   - *c. O êxito por uma paz duradoura parece prometido*
   - *d. Então... destruição repentina (I Tess. 5:1-3)*

B. AGONIA DA NATUREZA (v. 7)

1. Fomes consequentes das inundações e secas
2. Pestes (doenças) dos desastres
   - *a. Perturbações que tornam difícil o tratamento médico*
   - *b. Usinas para multiplicar bactérias*
3. Aumento constante de terremotos, cada vez mais violentos

C. SINAIS NAS NAÇÕES (v. 32-35)

1. O sinal de Israel agora uma nação (a figueira)
2. E "todas as árvores" (Luc. 21:29)
3. União europeia (o império romano revivido)
4. A capacidade militar crescente da China (Apoc. 9:13-21)
5. O Oriente Médio como o barril de pólvora do mundo

D. O SINAL DA INIQUIDADE CRESCENTE (v. 36-39)

1. As condições serão iguais às do tempo de Noé
   - *a. As pessoas vivendo pelo prazer do momento*
   - *b. O uso do álcool e drogas está desenfreado*
   - *c. A violência aumenta em todos os lugares*
2. As condições também assemelham-se às de Sodoma
   - *a. A imoralidade em crescimento*
   - *b. A perversão é aceita como normal*

III. CONCLUSÃO

A. VOCÊ OBSERVA ESSES SINAIS AUMENTANDO ATUALMENTE?

B. O QUE VOCÊ ESTÁ FAZENDO PREPARANDO-SE PARA O TEMPO FINAL?

1. Você recebeu Cristo como teu Salvador?
2. Está vivendo diariamente dentro da sua vontade?
3. Está aproveitando as oportunidades para falar Dele a outros?

ARMAGEDOM

Apoc. 16:16

I. INTRODUÇÃO

A. O SIGNIFICADO DO ARMAGEDOM

1. Chegou a representar a mais terrível das guerras

2. Significa "Monte de Megido", uma colina acima de um campo de batalha

3. Um campo de batalha famoso através da história

B. CRONOLOGIA PARA O ARMAGEDOM:

1. O arrebatamento da igreja (I Cor. 15:51)

2. A revelação do Anticristo (II Tess. 2:7-10)

3. O Armagedom no final da Tribulação (Dan. 9:27)

II. CORPO DO SERMÃO

A. CERTEZAS ACERCA DO ARMAGEDOM

1. Envolve todas as nações (Joel 3:12)

2. Opõe todas as nações contra o Senhor (Salmo 2)

3. Termina com a vinda de Cristo como Rei dos Reis (Apoc. 19:16)

B. EVENTOS CONDUZINDO AO ARMAGEDOM:

1. Um tratado de paz de sete anos é providenciado para Israel (Dan 9:26-27)

2. O Anticristo rompe esse tratado no meio do período (9:26-27)

3. Cento e quarenta e quatro mil judeus são convertidos e começam a ministrar (Apoc. 7)

4. Duas testemunhas de Deus ministram e são martirizadas (Apoc. 11)

a. Quem são essas testemunhas? Provavelmente Enoque e Elias

b. Enoque pregará novamente sua mensagem antiga (Judas 14-15) c. Esses profetas declaram o retorno imediato do Senhor para reinar

d. Eles podem até revelar quanto tempo resta

5. O Anticristo convoca os exércitos da Terra para o Armagedom

a. Tais exércitos batalharão contra Cristo no seu retorno (Salmo 2)

b. Essa será uma guerra total contra Deus (Joel 3:9-14)

6. Acontecerá a rebelião final do homem

a. "Não queremos que este homem reine sobre nós"

b. Os pecadores pensam, insensatamente, que as armas de última geração prevalecerão

C. O FINAL DO ARMAGEDOM (Apoc. 19:17-21)

1. Cristo retorna em poder e grande glória
2. Ele é declarado o Rei dos Reis e Senhor dos senhores
3. O Anticristo e seus exércitos são derrotados
4. Os enganadores são destruídos

a. A besta e o falso profeta são desmascarados

b. Eles são lançados no lago de fogo

III. CONCLUSÃO

A. VOCÊ TEM SE REBELADO CONTRA DEUS?

B. ABANDONE AQUELE QUE TEM TE ENGANADO

C. VENHA PARA CRISTO ENQUANTO AINDA HÁ TEMPO

1. Estamos no estágio da contagem regressiva da história
2. Os sinais do retorno do Senhor estão em todos os lugares
3. Nosso Senhor virá quando não o esperamos
4. Não demore nem mesmo mais um dia para acertar-se com Ele

O REI ESTÁ CHEGANDO

Apoc. 19:11-21

I. INTRODUÇÃO

A. GRANDES EVENTOS PARA CRENTES PELA FRENTE

1. O arrebatamento da igreja (I Tess. 4:13-18)

2. A recepção de recompensas no céu (Apoc. 22:12)

3. A ceia das bodas do Cordeiro (Apoc. 19:7-9)

B. PREPARAÇÃO PARA OUTRA ENTRADA TRIUNFAL

1. A primeira foi quando Jesus entrou em Jerusalém montado num jumentinho (Luc. 19:30-48)

2. A próxima será quando Jesus vier montado num cavalo branco (Apoc. 19:11)

3. A pré-estreia que João relata dessa entrada emocionante

II. CORPO DO SERMÃO

A. A CHEGADA DO REI (v. 11-13)

1. Após a ceia, o Rei levanta-se e parte
   - *a. É tempo de partir do céu para a Terra*
   - *b. Ele deve retornar à Terra como prometeu (João 14:1-3)*

2. O que esteve acontecendo na Terra?
   - *a. O tempo mais terrível da Terra, a Tribulação (Mat. 24:21)*
   - *b. Fraude satânica, doença e destruição*

3. O Rei chega montado num cavalo branco

4. O Rei tem diversos nomes:
   - *a. Fiel e verdadeiro (v. 11)*
   - *b. Um nome secreto (v. 12)*
   - *c. A Palavra de Deus (v. 13)*

5. Os olhos do rei são como chamas de fogo: julgamento (v. 12)

6. O manto do Rei está salpicado de sangue: a cruz (v. 13)

B. OS EXÉRCITOS DO REI (v. 14)

1. Aqueles que uniram-se a Ele no céu

2. Aqueles purificados no sangue do Cordeiro (Apoc. 5:9)

3. Um exército vestido de linho fino, branco e puro

a. Seu exército vestia trapos imundos outrora (Is. 64:6)

b. Essas vestes puras foram fornecidas pelo Rei deles

4. O exército montava em cavalos brancos, iguais ao do Rei

5. Esse exército governaria e reinaria com o Rei

C. A IRA DO REI (v. 15-21)

1. Ele repreende as nações com sua Palavra

2. Ele as regerá com uma vara de ferro

3. Ele finaliza a batalha do Armagedom (v. 17-18)

4. Ele lança a besta e o falso profeta dentro do lago de fogo (v. 20)

5. Ele e seu exército obtêm completa vitória através de sua Palavra (v. 21)

III. CONCLUSÃO

A. CRISTO É REVELADO COMO O REI DOS REIS E SENHOR DOS SENHORES

B. CRISTO É O REI E SENHOR DA SUA VIDA?

1. Pare de resistir ao Rei

2. Submeta-se completamente ao Rei

3. Permita que o Rei vitorioso transforme todas as tuas derrotas em vitórias

JUSTIÇA OU REPROVAÇÃO?

Prov. 14:34

I. INTRODUÇÃO

A. UM DIA PARA CELEBRAR A LIBERDADE

1. A coragem daqueles que ousaram proclamar a liberdade
2. Liberdade, um princípio bíblico querido (Lev. 25:10)

B. COMO ASSEGURAR AS BENÇÃOS DA LIBERDADE PARA O FUTURO

1. Um bom conselho de Salomão para qualquer nação
2. Uma escolha nacional entre justiça e reprovação

C. TRÊS PERGUNTAS IMPORTANTES PARA TODOS

II. CORPO DO SERMÃO

A. O QUE EDIFICA UMA NAÇÃO?

1. "A justiça exalta uma nação"
2. Os líderes políticos geralmente prescrevem o seguinte:
   a. Uma força militar poderosa.
   b. Uma economia forte e o desenvolvimento de recursos
   c. Progresso da educação e tecnologia
3. A justiça é o maior tesouro de uma nação
4. Um estilo de vida justo determina o destino de uma nação (Deut. 28-30)
5. O comentário de Charles Bridges neste texto: "A história do povo escolhido, se fosse uma nação de justos ou de pecadores, seria marcada pela exaltação ou desgraça correspondente"

B. O QUE ARRUÍNA UMA NAÇÃO?

1. "O pecado é a reprovação de qualquer povo"

2. Considere o declínio de uma civilização em Romanos 1

   a. Recusaram glorificar a Deus e serem agradecidos
   b. Escolheram a idolatria em lugar do culto verdadeiro
   c. Praticavam muitas formas de imoralidade
   d. Tornaram-se violentos, enganadores e orgulhosos

3. O pecado provocou a ruína de muitos impérios outrora orgulhosos

   a. O império babilônico (morte de Belsazar: Dan. 5)
   b. Os impérios medo-persa e grego
   c. O império romano

4. Nem nações nem indivíduos podem pecar e vencer (Num. 32:23)

C. QUEM FAZ A DIFERENÇA?

1. Bridges: "O que um inimigo ímpio representa para seu país?"

2. A nobreza nacional depende de como os cidadãos vivem individualmente

   a. Uma nação é abençoada pelos cidadãos justos
   b. Uma nação é desonrada pelos cidadãos injustos

3. A justiça não é legislada, mas praticada pelos indivíduos

4. O modo como vivemos faz a diferença para o futuro do nosso país

III. CONCLUSÃO

A. UM CHAMADO PARA A SANTIDADE PESSOAL

B. UM CHAMADO PARA SONDAR NOSSOS CORAÇÕES

C. UM CHAMADO PARA CONFISSÃO DE PECADO E SUBMISSÃO COMPLETA (I João 1:9)

BOMBAS NÃO ESTOURAM MAIS NO AR

I Tess. 5:1-4; Miq. 4:1-5

I. INTRODUÇÃO

A. A LIBERDADE TEM SIDO CONQUISTADA COM SANGUE

1. A liberdade sempre veio através da deposição de tiranos

2. As guerras têm encharcado campos de batalha com sangue para conseguir liberdade

B. GUERRAS TEM SIDO TRAVADAS PARA ELIMINAR TODAS AS GUERRAS

1. O mundo ainda é um campo armado, um lugar perigoso

2. Guerras e rumores de guerra continuarão (Mat. 24:6-7)

C. QUANDO O MUNDO ENCONTRARÁ PAZ?

II. CORPO DO SERMÃO

A. A PAZ É O CLAMOR DA TERRA ATUALMENTE (I Tess. 5:1-4)

1. As pessoas têm desejado a paz através dos séculos

a. Mesmo assim, a guerra continuou a assolar a Terra

b. Não é de admirar que o clamor pela paz tem continuado

2. Porque as guerras continuam (Tg. 4:1-4)

a. Cobiça pelo poder e propriedade

b. O desejo de controlar riquezas e pessoas

3. Finalmente a paz parecerá ao alcance da humanidade

a. As pessoas acreditarão que a paz e a segurança chegaram

b. Todavia, a destruição estará chegando

4. Os crentes devem estar alertas para esses sinais do retorno de Cristo

5. Os dias atuais são de vigilância e oração

B. ALGUM DIA A PAZ ESTARÁ CHEGANDO NA TERRA (Miq. 4:1-2)

1. Um tempo de paz religiosa (v. 1)
2. Um tempo de paz política (v. 2)
3. Um tempo de paz através da justiça (Is. 11:1-5)
4. Um tempo de paz na natureza (Is. 11:6-8; 35:1-2)
   - *a. A inimizade entre animais findará*
   - *b. A inimizade entre pessoas e animais findará*
   - *c. A Terra produzirá abundantemente*
5. Um tempo quando a violência acabará (Is. 11:9)
   - *a. A violência tem estado presente desde a Queda*
   - *b. Não haverá sofrimento ou destruição nesse tempo da aproximação da paz*

C. A PAZ VIRÁ QUANDO O REI VOLTAR (Miq. 4:3-4)

1. Cristo julgará entre as pessoas
   - *a. Repreenderá o iníquo*
   - *b. Trará equidade a todos*
3. Cristo acabará com todas as guerras
   - *a. As armas serão transformadas para uso melhor*
   - *b. "Nem aprenderão mais a guerra"*

III. CONCLUSÃO

A. PODEMOS ENCOTRAR A PAZ COM DEUS AGORA PELA FÉ (Rom. 5:1)

B. PODEMOS TER PAZ PESSOAL PELA SUBMISSÃO COMPLETA (Filip. 4:6-8)

ENCORAJANDO UMA IGREJA ATRIBULADA

Apoc. 2:12-17

I. INTRODUÇÃO

A. SETE CARTAS DE JESUS

1. Cartas às sete igrejas
2. Cada carta dirigida a necessidades específicas

B. A MENSAGEM DE JESUS A UMA IGREJA COMPROMETIDA

1. Jesus apresenta-se como aquele que restaura os seus prejuízos
2. Seu remédio: a espada afiada de doisgumes – a Bíblia (Hbr. 4:12)

C. ENCORAJAMENTO E CONSELHO PARA A IGREJA EM PÉRGAMO

II. CORPO DO SERMÃO

A. EM QUE A IGREJA ERA FIEL? (v. 12-13)

1. Jesus encorajou antes de aconselhar
   - *a. Um bom exemplo para todos*
   - *b. Os cristãos devem primeiro destacar o lado positivo (Filip. 4:8)*
2. Pérgamo era um lugar difícil para ser fiel
   - *a. A localização do "Trono de Satanás"*
   - *b. Um centro idólatra na Ásia*
3. A igreja em Pérgamo foi fiel ao nome do Senhor
4. A igreja em Pérgamo não negou a fé
   - *a. Fiel mesmo sob perseguição*
   - *b. A testemunha fiel Antipas foi martirizada*
5. Teríamos sido fiéis naquelas circunstâncias?

B. QUAL ERA A FRAQUEZA DA IGREJA? (v. 14-15)

1. A igreja estava admitindo dois erros graves:
   a. *A doutrina de Balão (Num. 22)*
      (1) Conheciam a vontade de Deus, mas não a praticavam
      (2) Encorajavam compromisso com incrédulos (II Cor. 6:17-18)
      (3) Toleravam imoralidade entre crentes
   b. *A doutrina dos nicolaítas:*
      (1) Das obras deles em Éfeso (Apoc. 2:6) à doutrina deles aqui
      (2) Líderes impondo-a sobre outros crentes
      (3) Prejudicando o sacerdócio do crente
2. Essas doutrinas perigosas colocaram a igreja em risco

C. EM QUE A IGREJA ESTAVA EM FALTA (v. 16)

1. A igreja em Pérgamo precisava arrepender-se
   a. *Arrepender-se é virar-se, é fazer uma meia-volta!*
   b. *A nossa igreja precisa arrepender-se?*
2. A igreja também precisava retornar para a Palavra de Deus
   a. *"Batalharei... com a espada da minha boca" (Hbr. 4:12)*
   b. *Os programas não podem ser comparados com o poder da Palavra de Deus*
3. O arrependimento e retorno para a Palavra de Deus traz avivamento

III. CONCLUSÃO

A. O APELO DO SENHOR TORNA-SE PESSOAL: "QUEM TEM OUVIDOS, OUÇA" (v. 17)

B. OS VENCEDORES RECEBEM RECOMPENSAS: UMA PEDRA BRANCA E UM NOME NOVO

C. AS RECOMPENSAS DO CÉU ULTRAPASSAM NOSSA COMPREENSÃO

A POBRE IGREJA RICA

Apoc. 3:14-22

I. INTRODUÇÃO

A. IGREJAS DINÂMICAS SÃO A ESPERANÇA DE UMA NAÇÃO

1. Igrejas eficientes trazem pessoas a Cristo e estilo de vida justo
2. Igrejas fervorosas por Cristo melhoram o grau espiritual de uma nação

B. CRISTO SE DIRIGE A UMA IGREJA FRACASSADA

1. A igreja em Laodiceia parecia ideal, mas carecia de poder espiritual
2. Era uma igreja que enganava o público, mas não o Salvador

II. CORPO DO SERMÃO

A. O CRISTO ONISCIENTE (v. 14-16)

1. Aprendemos como Cristo apresentou-se à igreja:
   - *a. O Amém: Cristo é imutável*
   - *b. A testemunha fiel e verdadeira: Cristo cumpre suas promessas*
   - *c. O princípio da criação de Deus: Cristo é eterno*
2. Cristo não foi enganado pela aparência do sucesso dessa igreja
   - *a. Ele sabe tudo o que está acontecendo em todas as igrejas*
   - *b. Ele enxerga além dos prédios e dos orçamentos*
3. Cristo viu quão pouca paixão essa igreja tinha por Deus e pelas almas
   - *a. Seus membros estavam buscando apenas as emoções da religião*
   - *b. Internamente eram mornos em relação à verdade eterna*
4. Cristo ficou decepcionado com eles e disse-lhes isso
5. Qual é o grau espiritual de nossa igreja?
   - *a. Somos uma decepção para Jesus?*

B. AS NECESSIDADES IMPRESSIONANTES DESSA IGREJA (v. 17-19)

1. Como os membros da igreja em Laodiceia consideravam-se?

   a. *Orgulharam-se por serem ricos e prosperado com bens materiais*

   b. *Acharam que de nada tinham falta*

2. As igrejas conseguem fazer permutas trágicas:

   a. *Trocando fervor espiritual por ornamentações; orações por possessões*

   b. *Permutando pregação poderosa por partidos políticos*

3. A igreja aparentava ser rica, mas espiritualmente era pobre

4. Jesus recomendou o seguinte para essa pobre igreja rica:

   a. *Ouro refinado no fogo (fidelidade quando sofrer perseguição)*

   b. *Vestimenta branca (justiça produzida pela fé)*

   c. *Colírio (percepção espiritual obtida através do estudo bíblico e oração)*

5. Jesus prescreveu repreensão e castigo se as mudanças não fossem feitas (v. 19)

C. O AFÁVEL BATER À PORTA DO SALVADOR (v. 20)

1. O Senhor apela aos indivíduos, batendo à porta do coração de cada um

   a. *Ele não bate uma vez como ocasião oportuna; continua batendo*

   b. *Ele não bate como um vendedor para seu próprio proveito*

2. Cristo bate e chama do lado de fora a cada um, oferecendo-se para entrar

3. Na abertura da porta Ele traz vida eterna e comunhão com Jesus

III. CONCLUSÃO

A. RECOMPENSAS ETERNAS SÃO PROMETIDAS PARA AQUELES QUE ATENDEM AO BATER E VENCEM

B. VOCÊ JÁ ABRIU A PORTA DO SEU CORAÇÃO PARA JESUS?

A IGREJA QUE MINISTROU A UM PRISIONEIRO

Col. 1:1-8

I. INTRODUÇÃO

A. APRESENTANDO A SÉRIE EM COLOSSENSES

1. Uma das mais ricas cartas de Paulo

2. Uma fonte básica da verdade relacionada a Cristo

B. PAULO REFEITO E REANIMADO ENQUANTO ESCREVE NA PRISÃO

1. Epafras trouxe notícias de Colossos as quais confortaram Paulo

2. A alegria encheu o coração de Paulo acerca do que estava acontecendo nessa igreja

C. O QUE CAUSOU ALEGRIA A PAULO ACERCA DESSES CRENTES?

II. CORPO DO SERMÃO

SUA FÉ FORTE NO SALVADOR (v. 1-4)

1. "Aos santos e fiéis irmãos em Cristo"

2. Esses crentes eram genuínos

   a. Paulo sabia que eles eram verdadeiros e chamou-os de santos

   b. Ele alegou-se de que estavam fiéis a Cristo

3. Somente o fato de ouvir acerca desses cristãos tornou Paulo grato (v. 3)

4. O próprio Paulo orava frequentemente por eles

5. Sua fé forte refrigerou a alma de Paulo

   a. Fé evidenciada nas orações deles

   b. Fé demonstrada nas ofertas deles

6. Spurgeon sobre a fé: "Uma fé pequena levará tua alma para o céu; uma fé grande trará o céu para tua alma"

B. SEU AMOR SINCERO POR TODOS OS SANTOS (v. 4)

1. "O amor que tendes a todos os santos"
2. Que grande fama para qualquer igreja!
3. O amor é o distintivo do discipulado (João 13:35)
4. O amor prova que passamos da morte para a vida (I João 3:14)
5. Sem amor nada somos (I Cor. 13:3)
6. O amor por todos os santos deveria começar com os mais próximos de nós
   - *a. Amor ativo em nossos lares*
   - *b. Amor ativo em nossas igrejas*
7. O amor acaba com a rivalidade e edifica a comunhão
8. Não é de admirar que Paulo foi reanimado por essa igreja amorosa

C. SUA ESPERANÇA CERTA DO CÉU (v. 5)

1. "Por causa das esperanças que vos está reservada nos céus"
2. O céu era real para esses crentes fiéis
   - *a. Este mundo não era o lar deles*
   - *b. Eles ansiavam e viviam pelo céu*
3. Eles estavam juntando seus tesouros no céu
   - *a. "Que vos está reservada nos céus"*
   - *b. Uma grande motivação para o serviço cristão*

III. CONCLUSÃO

A. COMO OUTROS SÃO AFETADOS POR NOSSA FÉ, NOSSA ESPERANÇA E NOSSO AMOR?

B. ALIVIAMOS OU DESENCORAJAMOS OUTROS CRENTES?

C. O QUE PODEMOS FAZER PARA MINISTRAR A OUTROS A CADA DIA?

COMO ORAR POR AQUELES A QUEM AMAMOS

Col. 1:9-11

I. INTRODUÇÃO

A. O AMOR PROFUNDO DE PAULO PELOS CRISTÃOS COLOSSENSES

1. Ele sentia-se próximo a eles, mesmo a distância
2. Ele alegrava-se na fé, esperança e amor deles

B. PAULO COMPARTILHA SUA ORAÇÃO COM AQUELES A QUEM ELE AMAVA

1. É fácil dizer: "Estarei orando por vocês"
2. Paulo foi específico, dizendo-lhes como orava

II. CORPO DO SERMÃO

A. PAULO ORAVA PARA QUE ELES CONHECESSEM A VONTADE DE DEUS (v. 9)

1. "Cheios do conhecimento da sua vontade"
2. Observe quão importante essa oração era para Paulo
   a. Ele poderia ter orado para que não fossem perseguidos
   b. Ele poderia ter orado para que prosperassem
   c. Ele poderia ter orado para que obtivessem poder político
3. Conhecer a vontade de Deus era mais importante do que isso
4. Com qual conhecimento você está cheio?
   a. O conhecimento das condições mundiais?
   b. O conhecimento de tudo no mundo dos esportes?
   c. O conhecimento de como ser bem-sucedido nos negócios?
   d. O conhecimento que traz reconhecimento acadêmico?
5. Vocês estão cheios do conhecimento da vontade de Deus?

B. PAULO ORAVA PARA QUE ELES SOUBESSEM COMO ANDAR (v. 10)

1. "Para que possais andar de maneira digna do Senhor"
2. A compreensão espiritual ensina como andar digno do Senhor"
   a. Obtivemos discernimento espiritual através da oração
   b. Obtivemos discernimento espiritual através do estudo bíblico
   c. Obtivemos discernimento espiritual através do culto.
3. O que significa andar digno do Senhor?
   a. É andar no Espírito (Gal. 5:16)
   b. É andar em amor (Ef. 5:2)
   c. É andar como filhos da luz (Ef. 5:8)
4. Quando andamos dignos do Senhor, outros ficam sabendo
5. Quando andamos dignos do Senhor, somos frutíferos na sua obra

C. PAULO ORAVA PARA QUE ELES CONHECESSEM BEM A DEUS(v. 10)

1. "Crescendo no conhecimento de Deus"
   a. Não apenas em conhecimento acerca de Deus
   b. Significa conhecer Deus mais intimamente
2. Isso é o que Paulo estava buscando para si mesmo (Filip. 3:7-14)
3. Conhecer bem a Deus deveria ser nosso propósito
4. Quão intimamente você conhece a Deus?

III. CONCLUSÃO

A. COMO VOCÊ ORA POR AQUELES A QUEM

B. TUAS ORAÇÕES ENFATIZAM APENAS COISAS TEMPORAIS

C. OREMOS ACERCA DE COMO NOSSOS QUERIDOS DEVEM ANDAR COM DEUS

HERDEIROS COM OS SANTOS E O REI

Col. 1:12

I. INTRODUÇÃO

A. PAULO APELA PARA PESSOAS AGRADECIDAS

1. Ele escreveu acerca de seu coração agradecido (v. 3)
2. Agora ele passa da experiência para a espera (v. 12)

B. SOMOS PARCEIROS NA HERANÇA DOS SANTOS

1. Outros usos de "parceiros"
   a. Participantes da graça (Filip. 1:7)
   b. Participantes dos sofrimentos de Cristo (I Pe. 4:13)
   c. Participantes da natureza divina (II Pe. 1:4)
2. O que significa ser parceiros com os santos

II. CORPO DO SERMÃO

A. SOMOS HERDEIROS DA JUSTIÇA (Hbr. 11:7)

1. A justiça parece estar tão distante de nós
   a. Sabemos disso pela observação (os pecados dos outros)
   b. Sabemos disso pela experiência (nossos próprios pecados)
2. Noé viveu numa época iníqua:
   a. Ele estava rodeado de pecadores violentos
   b. Contudo, ele tornou-se um herdeiro da justiça
3. A justiça de Noé veio pela fé
   a. Isso também aconteceu com Abraão (Rom. 4:3)
   b. A fé nos torna herdeiros da justiça

B. SOMOS HERDEIROS DO REINO (Tgo. 2:5)

1. A Bíblia é um livro acerca do reino
    a. *Um reino espiritual*
    b. *Um literal reino vindouro*
2. Os pobres podem tornar-se herdeiros do reino
    a. *Essa é uma herança da fé*
    b. *Essa é uma herança daqueles que amam a Cristo*
3. Abraão foi chamado um herdeiro do mundo (Rom. 4:13-16)
    a. *Ele não obteve essa herança através das boas obras*
    b. *Ele tornou-se um herdeiro do mundo através da fé*
4. O paradoxo da promessa do reino
    a. *Aqueles que vivem para este mundo não vão recebê-lo*
    b. *Aqueles que vivem pela fé herdarão todas as coisas*

C. SOMOS HERDEIROS JUNTAMENTE COM CRISTO (Rom. 8:14-17)

1. Nós nos tornamos herdeiros de nossos pais no nascimento físico
2. Nós nos tornamos herdeiros de Deus em nosso segundo nascimento (João 1:12; 3:5)
3. Como filhos de Deus, nós nos tornamos co-herdeiros com Cristo
4. Essa herança tem dimensões extraordinárias:
    a. *O que Jesus possui nós possuiremos*
    b. *Onde Jesus reina, nós reinaremos*

III. CONCLUSÃO

A. VOCÊ ESTÁ SE COMPORTANDO COMO UM HERDEIRO DO REI?

B. LEMBRE-SE DE QUEM VOCE É E ALEGRA-TE

LIBERTADOS DAS TREVAS

Col. 1:13-17

I. INTRODUÇÃO

A. A FÉ EM CRISTO TRAZ LIBERDADE

1. A verdade liberta-nos (João 8:32)
2. O Filho liberta-nos (8:36)

B. O PODER DAS TREVAS É UM OBSTÁCULO À LIBERDADE

1. O que é o poder das trevas?
2. Como é possível a libertação?
3. Por que nosso Libertador é capaz de nos libertar?

II. CORPO DO SERMÃO

A. O PODER DAS TREVAS (v. 13)

1. As trevas representam o pecado
   a. Os homens amam mais as trevas do que a luz (João 3:19)
   b. O motivo é que suas obras são más
2. O pecado mantém muitas pessoas em cativeiro
   a. O pecado cega e intensifica as trevas
   b. Os sábios evitam as obras das trevas (Ef. 5:11)
3. O poder do pecado flui dos príncipes das trevas
   a. Os crentes estão em batalha com esses príncipes (Ef. 6:12)
   b. Nosso Senhor equipa-nos para vencer nessa batalha (Ef. 6:10-18)
4. Cristo, a Luz, vence o poder das trevas
5. Os que andam com Cristo têm a luz da vida (João 8:12)

B. POSSIBILIDADE DE LIBERTAÇÃO (v. 14)

1. "Em quem temos a redenção pelo seu sangue"
   a. *Temos sido redimidos (comprados de volta)*
   b. *Que notícias satisfatórias!*
2. A libertação do cativeiro conduz ao louvor
   a. *Moisés retirando seu povo da escravidão no Egito*
   b. *O cântico da libertação de Israel (Ex.15)*
3. Nossa libertação inclui o perdão dos pecados
   a. *O pacto antigo é confirmado*
   b. *Nada pode ser oposto contra os redimidos*
4. A promessa da libertação foi dada no Éden (Gen. 3:15)
5. O pagamento pela libertação foi pago no Calvário (I Pe. 1:18-19)

C. O LIBERTADOR PERFEITO (v. 15-17)

1. "A imagem do Deus invisível"
   a. *Todas as coisas foram feitas por Ele (João 1:3)*
   b. *Scofield: "Cristo, como o Filho eterno, tem a prioridade"*
2. Cristo criou todos os principados e potestades (v. 16)
   a. *Ele está, portanto, acima deles (Ef. 1:21)*
   b. *Ele triunfou sobre elas (Col. 2:15)*
3. O poder das trevas não pode prevalecer contra Ele

III. CONCLUSÃO

A. EM CRISTO NOSSA LIBERTAÇÃO É CERTA

B. COLOQUE TUA FÉ NO LIBERTADOR PERFEITO

O CABEÇA DA IGREJA

Col. 1:18-22

I. INTRODUÇÃO

A. QUEM É O CABEÇA DA IGREJA?

1. Uma pergunta que gera conflito
2. A resposta

B. PAULO DECLAROU CRISTO O CABEÇA DA IGREJA

C. POR QUE CRISTO É CHAMADO O CABEÇA DA IGREJA?

1. Por que Ele merece essa posição?
2. Como isso afetaria as igrejas locais?

II. CORPO DO SERMÃO

A. CRISTO DEVE TER A PREEMINÊNCIA NA IGREJA (v. 18)

1. Ele é anterior a todas as coisas (Ele é eterno)
2. Ele é o sempre existente (o primogênito dentre os mortos)
   a. Sua ressurreição prova sua divindade (Rom. 1:4)
   b. Sua ressurreição é também o sinal de sua autoridade (João 2:18-22)
3. Nenhum ofício terreno aproxima-se de sua posição
   a. Ele concedeu dons à igreja (Ef. 4:11)
   b. Essas pessoas doadas servem-no na igreja
   c. A autoridade deles flui dele
4. A autoridade local deve ser praticada em amor (I Cor. 13)
5. Os líderes cristãos devem assemelhar-se a Cristo em servi-lo
6. Quão semelhantes a Cristo nós somos?

B. CRISTO FEZ A PAZ PARA A IGREJA (v. 20)

1. Cristo fez a paz por nós na cruz
   - *a. Seu sangue remiu nossos pecados (I Pe. 1:18-19)*
   - *b. Ele comprou a igreja com seu sangue*
2. Cristo reconciliou-nos a si mesmo
   - *a. Isso é feito pessoalmente pela fé (Rom. 5:8-9)*
   - *b. Essa fé traz a paz com Deus (5:1)*
3. A reconciliação feita na cruz afetou todas as coisas
   - *a. Isso inclui todas as coisas na terra e no céu, tanto experiência quanto esperança*
   - *b. Nada no céu ou na terra pode separar-nos do seu amor (Rom. 8:38-39)*

C. CRISTO APRESENTA NO CÉU A IGREJA PERFEITA (v. 21-22)

1. Nosso Salvador perfeito apresenta-nos perfeitos
   - *a. Como outrora estranhos, fomos feitos participantes da família de Deus*
   - *b. Como inimigos, fomos tornados recipientes da sua graça*
2. Como iníquos consumados, fomos reconciliados pelo único Santo
   - *a. Pecadores são apresentados sem defeitos pelo cabeça da igreja*
   - *b. Imperfeitos são apresentados irrepreensíveis diante do trono*
3. Quem pode medir tamanha graça ou entender tal amor?

III. CONCLUSÃO

A. CRISTO OCUPA O PRIMEIRO LUGAR EM NOSSA IGREJA?

1. Em nosso culto e negócios?
2. Se não, por quê?

B. TORNEMOS CRISTO O CABEÇA DE NOSSA IGREJA E NOSSAS VIDAS

A ESPERANÇA DA GLÓRIA

Col. 1:27

I. INTRODUÇÃO

A. PAULO, UM ESCRITOR DE MISTÉRIOS

1. O mistério dos tempos dos não judeus (Rom. 11:25)
2. O mistério da era da graça (Rom. 16:25)
3. O mistério do arrebatamento vindouro (I Cor. 15:51)

B. O MAIOR DE TODOS OS MISTÉRIOS

1. Um mistério escondido dos santos do V.T. (Col. 1:26)
2. É o mistério de Cristo dentro dos crentes, a esperança da glória (Col. 1:27)

C. AS TRÊS OPÇÕES DE ESPERANÇA

II. CORPO DO SERMÃO

A. FALSA ESPERANÇA (I Cor. 15:19)

1. As falsas esperanças, finalmente, tornam uma pessoa miserável
2. Algumas pessoas colocam a esperança no dinheiro (Luc. 18:23)
    - *a. O príncipe jovem e rico veio a Jesus*
    - *b. Muitos, iguais a ele, fazem do dinheiro o seu deus*
3. Algumas pessoas esperam no seu intelecto e habilidades
    - *a. Elas acreditam que a educação é a resposta a todas as necessidades*
    - *b. Pensam que podem manipular qualquer crise*
4. Algumas pessoas esperam em cerimônias ou ritos religiosos
5. Outras pessoas colocam sua esperança em suas boas obras
6. Cristo ressuscitou para que a esperança nele seja certa

B. SEM ESPERANÇA (Ef. 2:12)

1. Viver sem Cristo é morrer sem esperança
   - *a. A esperança é testada na morte*
   - *b. Os sucessos terreais não trarão conforto no além*
2. Contrastes da esperança na morte (I Tess. 4:13)
   - *a. Os crentes não se entristecem como os perdidos*
   - *b. Os incrédulos não têm certeza de esperança na morte*
3. O conforto na morte é somente para crentes
   - *a. Os incrédulos tomam emprestado o conforto cristão*
   - *b. As promessas eternas são apenas para os cristãos*
4. Não há promessas de esperança para os que morrem incrédulos

C. A ESPERANÇA DA GLÓRIA (Cor. 1:27)

1. "Cristo em vós, a esperança da glória"
2. Não esperando pela glória
   - *a. A esperança aqui é espera confiante*
   - *b. G. Campbell Morgan: "Não significa espera sem fundamento, pelo contrário, confiança em algo"*
3. Qual é o motivo para essa confiança?
   - *a. A Ressurreição traz esperança viva (I Pe. 1:3)*
   - *b. A glória está adiante para os sofredores daqui (Rom. 8:18)*

III. CONCLUSÃO

A. CONVIDE O CRISTO VIVO PARA ADENTRAR TUA VIDA

B. ESCOLHA

ANDANDO COM SEGURANÇA POR TRILHA PERIGOSA

Col. 2

I. INTRODUÇÃO

A. A TRILHA PERIGOSA

1. O interesse de Paulo pelos cristãos colossenses
2. Uma advertência acerca das seduções ao pecado e erro (v. 4)
3. A palavra-chave neste capítulo: "Cuidado!" (v. 8)

B. OS SEGREDOS DA SEGURANÇA

1. Como andar de acordo com o novo nascimento
2. Segredos simples para a segurança na jornada

II. CORPO DO SERMÃO

A. ANDAI ASSIM COMO TENDES RECEBIDO A CRISTO JESUS, O SENHOR (v. 6)

1. É importante permanecer unido à experiência da conversão
   a. Quão sério o pecado parecia!
   b. Quão extraordinário o amor de Deus parecia!
   c. Quão sensível a fé parecia!
2. Devemos lembrar do nosso primeiro amor a Cristo (Apoc. 2:1-5)
3. Gypsy Smith: "Eu nunca perdi completamente a admiração disso"
4. Devemos andar pela fé na admiração de seu amor

B. ANDAI ARRAIGADOS EM CRISTO JESUS, O SENHOR (v. 7)

1. "Arraigados e edificados nele"
2. Devemos ser como as raízes de uma árvore
   a. Alongando-se para obter água (o Espírito Santo)
   b. Absorvendo nutrientes da Palavra de Deus para crescimento

3. Em Cristo encontramos tudo o que precisamos? (v. 8-9)

a. Não na filosofia, mas na fé

b. Não no mundo, mas na Palavra de Deus

C. ANDAI RENOVADOS EM CRISTO JESUS, O SENHOR? (v. 7)

1. Assim como fostes ensinados"

2. As verdades antigas acerca de Cristo mantem-nos renovados (v. 10)

a. Ficamos completos nele

b. Ele é mais poderoso que nossos inimigos

3. Fomos ressuscitados; temos sido perdoados (v. 13-15)

a. O débito das nossas transgressões da lei foi pago

b. Satanás e seus demônios foram derrotados

D. ANDAI REGOZIJANDO-SE EM CRISTO JESUS, O SENHOR (v. 7)

1. "Aumentando... em ação de graças"

2. Somos salvos pela graça e agradecidos por ela

a. Não mais na escravidão da lei (v. 16-18)

b. Mortos para o pecado e vivos para Cristo (v. 19-23)

3. Nós nos regozijamos em nosso vitorioso Senhor

III. CONCLUSÃO

A. PERIGOS A EVITAR

1. Orgulho, falsos mestres e legalismo

2. A graça de Deus é suficiente para cada necessidade

B. ANDANDO PELA FÉ, SOMOS SALVOS NA TRILHA PERIGOSA

RESSURRETOS COM CRISTO

Col. 3:1-4

I. INTRODUÇÃO

A. "SE" É A MAIOR PEQUENA PALAVRA NO MUNDO

1. Determina vida ou morte, céu ou inferno
2. Exige que os crentes pratiquem seu falar

B. PAULO DESAFIA-NOS A FICAR ALERTAS

1. "Se, pois, fostes ressurretos juntamente com Cristo"
2. Conselho e encorajamento para os ressurretos

II. CORPO DO SERMÃO

A. DOIS GRANDES MANDAMENTOS (v. 1-2)

1. "Buscai as coisas que são de cima"
   - *a. Aprendei tudo que possam acerca do céu, vosso lar futuro*
   - *b. Procurai pela verdade acerca daquele lugar abençoado*
   - *c. Busquem como um pastor busca ovelhas perdidas (Luc. 19:10)*
2. "Pensai nas coisas que são de cima"
   - *a. O que amamos diz o que somos (Mat. 6:21)*
   - *b. A maior parte das pessoas coloca sua afeição nas coisas daqui debaixo*
   - *c. Aqueles que são ressurretos com Cristo devem amar as coisas mais elevadas*
3. Qual é a vossa aspiração na vida?
4. O que ocupa o primeiro lugar no vosso coração?

B. DUAS GRANDES CONSOLAÇÕES:

1. "Porque morrestes"
   - *a. Que espécie de consolação é essa?*
   - *b. O que Paulo quer dizer quando afirma que estamos mortos?*
2. Estamos mortos para o pecado e vivos para Deus (Rom. 6:11)
3. Estamos crucificados com Cristo, contudo vivos nele (Gal. 2:20)
4. "Vossa vida está escondida com Cristo em Deus" (Col. 3:3)
   - *a. Todos os tesouros da sabedoria estão escondidos em Cristo (2:3)*
   - *b. Estamos escondidos junto com esses tesouros*
   - *c. Que lugar seguro para estar!*

C. DOIS GRANDES EVENTOS VINDOUROS (v. 4)

1. Cristo aparecerá
   - *a. A promessa de Jesus (João 14:1-3)*
   - *b. A promessa dos anjos (At. 1:10-11)*
   - *c. A promessa de Paulo (I Tess. 4:13-18)*
2. Apareceremos com Ele em glória
   - *a. Os crentes voltarão com Jesus no arrebatamento (4:14)*
   - *b. A esperança bem-aventurada e aparecimento glorioso (Tito 2:13)*
   - *c. Receberemos corpos gloriosos (Filip. 3:20-21)*
   - *d. Estaremos com Cristo para sempre (I Tess. 4:17)*
   - *e. Seremos semelhantes a Jesus (I João 3:2)*

III. CONCLUSÃO

A. A MAIOR PALAVRA PEQUENA NO MUNDO É "SE"

B. SE VOCE RECEBEU CRISTO, SEU FUTURO SERÁ GLORIOSO

C. SE O REJEITAR, NÃO TERÁ ESPERANÇA

TRAJADO CORRETAMENTE PARA O DIA

Col. 3:8-14

I. INTRODUÇÃO

A. AS GRANDES DOUTRINAS FAZEM UM GRANDE MODO DE VIVER DIÁRIO

1. Não é suficiente meramente concordar com certas doutrinas

2. Devemos transformar nossas crenças em vida

B. OS COLOSSENSES ACEITARAM ALGUMAS GRANDES DOUTRINAS

1. Redenção através do sangue de Cristo (1:14)

2. A preeminência de Cristo (1:18)

3. A presença residente de Cristo (1:27)

C. PAULO EVOCA ESSAS CRENÇAS PARA TRANSFORMAR-NOS A CADA DIA

II. CORPO DO SERMÃO

A. LIVREM-SE DESTAS ATITUDES (v. 8-9)

1. Ira e cólera são destrutivas para aqueles que amamos

2. Malícia e antigos ressentimentos

3. A blasfêmia entristece o Espírito Santo

4. A comunicação obscena mancha nosso testemunho público

5. As mentiras tornam-nos diferentes do nosso Senhor, que é a verdade

6. Todas essas atitudes são das trevas

a. Elas devem ser descartadas cada manhã

b. Devemos ser luzeiros num mundo tenebroso

c. Por que começar o dia trajado para a noite?

d. Comecemos cada manhã trajados para o dia

B. EQUIPEM-SE COM ESTES EDIFICADORES ASSOCIADOS (v. 10-13)

1. O homem novo, quem cresce à imagem de Cristo
2. A santidade, que espelha a integridade de Deus
3. Misericórdia e bondade as quais demonstram sua graça
4. A humildade, a qual torna-nos semelhantes a Cristo
5. A mansidão, que vence o orgulho e arrogância
6. A paciência, que mostra consideração por outros
7. A paciência e perdão, os quais derrubam barreiras
8. Todas essa qualidades capacitam-nos a levar outros a Cristo

C. REVESTI-VOS DA AFEIÇÃO CRISTÃ, A MARCA DA MATURIDADE

1. "E acima de tudo isso, revesti-vos do amor"
2. O amor é o vínculo que mantém tudo reunido (I Cor. 13)

   O amor revela um andar íntimo com nosso Senhor amorável

   O amor mantém reunidas as famílias nos tempos difíceis

   O amor mantém as igrejas unidas e torna possível a obra de missões
3. O amor produz unidade entre os crentes
4. Cada palavra e ação devem ser revestidos de amor
5. Se amarmos as coisas que são de cima, amaremos as pessoas aqui embaixo

III. CONCLUSÃO

A. DO QUE VOCÊ PRECISA LIVRAR-SE?

B. VOCÊ ESTÁ DESEJOSO DE REVESTIR-SE DIARIAMENTE COM ESSAS QUALIDADES CRISTÃS?

1. Pense o que isso faria por nossa igreja
2. Considere o impacto que isso teria em nossa comunidade

AQUELES COLOSSENSES AGRADECIDOS

Col. 3:15, 17; 4:1-2

I. INTRODUÇÃO

A. AÇÃO DE GRAÇAS NO CORAÇÃO E NO LAR

1. Uma atitude de gratidão muda tudo
2. É uma influência poderosa em todas as áreas da vida

B. O PROPÓSITO DE PAULO: DESENVOLVER PESSOAS AGRADECIDAS

1. Ele sabia que corações agradecidos edificariam lares e igrejas amorosos
2. Ele demonstra quão correto é para os crentes serem agradecidos

II. CORPO DO SERMÃO

A. QUANDO O CORAÇÃO ESTÁ CORRETO, A AÇÃO DE GRAÇAS É NATURAL (3:14-16)

1. "Acima de tudo revesti-vos do amor"
   a. O Deus amorável torna-nos agradecidos por sua graça
   b. Pessoas amáveis tornam-nos gratas pela família e por amigos
2. A paz de Deus vem a um coração grato (Filip. 4:6-8)
3. Observe o que um coração grato traz-nos (v. 16)
   a. Somos preparados para receber a Palavra de Cristo
   b. A sabedoria resulta de receber sua Palavra
   c. Ensinamos e somos ensinados pelas Escrituras
   d. A alegria da ação de graças enche-nos de cântico

4. Como podemos manter nossos corações corretos para que sejamos pessoas gratas?

a. Devemos confessar nossos pecados para estarmos corretos com Deus (I João 1:9)

b. Devemos perdoar os que têm errado contra nós para estarmos corretos com outros

B. QUANDO A VIDA ESTÁ CORRETA, A AÇÃO DE GRAÇAS É NORMAL (3:17 - 4:1)

1. A fórmula de Paulo para um viver cristão normal
   a. Fazemos tudo em nome de Jesus
   b. Agradecemos por tudo
2. Como um viver grato afeta a vida da família
   a. Maridos gratos amam profundamente suas esposas
   b. Esposas gratas motivam seus amados esposos
   c. Filhos gratos obedecem seus pais
   d. Pais gratos levam em consideração seus filhos
3. Ação de graças no local de trabalho
   a Empregados gratos prestam serviço melhor em gratidão a Deus
   b. Patrões gratos tratam os empregados como Deus os trata

C. QUANDO AS ORAÇÕES ESTÃO CORRETAS, A AÇÃO DE GRAÇAS NUNCA É NEGLIGENCIADA? (4:2)

1. "Perseverai na oração"
   a. Ore quando vai bem na vida e quando vem a aflição
   b. Continue orando mesmo quando parece que as respostas são lentas em chegar
2. "Vigiando na oração com ação de graças"
   a. Espere Deus responder no tempo dele
   b. Agradeça pelas respostas à oração antes de chegarem

III. CONCLUSÃO

A. O QUE ESSA EPÍSTOLA PODEROSA ENSINA-NOS?

B. COMO PODEMOS APLICAR ESSES ENSINOS IMPORTANTES EM NOSSAS VIDAS?

C. QUANTOS A PARTIR DE HOJE DARÃO A CRISTO A PREEMINÊNCIA?

A IGREJA QUE PRECISA RETORNAR AO PRIMEIRO AMOR

Apoc. 2:4

I. INTRODUÇÃO

A. É TEMPO DE RETORNAR

1. Muitas pessoas responderam a esse apelo de retorno
2. Alguns de vocês viajaram distâncias longas para retornar

B. EM QUE CONSISTE ESSE RETORNO?

1. Por que estamos aqui?
2. O que esse retorno compreende?

II. CORPO DO SERMÃO

A. ESSE RETORNO É UM TEMPO DE LEMBRAR

1. Um tempo para lembrar pessoas fiéis
   - *a. Aqueles que outrora ingressaram na igreja*
   - *b. Aqueles que continuam orando e servindo em tempos difíceis*
   - *c. Aqueles que ensinaram e trouxeram outros a Cristo*
2. Um tempo para lembrar dos pastores fiéis
3. Um tempo para lembrar grandes etapas da fé
   - *a. Aqueles que ousaram avançar quando os fundos estavam baixos e as dívidas altas*
   - *b. Aqueles que tiveram coragem de edificar quando outros temeram diante do desafio*
4. Um tempo para lembrar exemplos de amor cristão:
   - *a. Cuidando dos doentes na membresia*
   - *b. Confortando os atribulados*

5. Um tempo para lembrar quando pessoas vêm a Cristo e todos regozijam-se

B. ESSE RETORNO É UM TEMPO PARA ESQUECER

1. Paulo escreveu acerca de um tempo para esquecer (Filip. 3:13)
2. O que deveremos esquecer?
   a. *Esquecer mágoas antigas que continuam alimentando a maldade*
   b. *Esquecer as falhas daqueles que causaram-nos depressão*
   c. *Esquecer os pecados daqueles que causaram tropeço ao longo da jornada*
   d. *Esquecer nossas próprias falhas que ainda trazem desânimo*
3. A recusa em perdoar erros antigos impede o progresso
   a. *Deus nos perdoou, portanto devemos perdoar outros (Ef. 4:31-32)*
   b. *A não ser que nos desprendamos não podemos crescer*

C. RETONAR AO PRIMEIRO AMOR É UM TEMPO PARA RECUPERAR A VISÃO

1. Qual era a visão daqueles que começaram a igreja?
2. Qual é o estado daquela visão hoje?
   a. *Foi perdida a visão original?*
   b. *Esperamos para a igreja agora tanto quanto eles esperavam outrora?*
3. Sem uma visão o povo se corrompe (Prov. 29:18)
4. Quanto você ousa confiar que Deus possa fazer aqui no futuro?
5. Você pode confiar que Deus fará coisas maiores do que fez no passado?

III. CONCLUSÃO

A. RETORNAREMOS AO NOSSO PRIMEIRO AMOR POR CRISTO (Apoc. 2:4-5)

B. AMEMOS AS ALMAS COMO NOSSO SENHOR AS AMOU

C. TRABALHEMOS NA SUA COLHEITA ESPERANDO MUITO FRUTO

D. TORNEMOS ESTA IGREJA MAIS EFETIVA DO QUE ANTES

QUEM É JESUS?

Atos 9:5

I. INTRODUÇÃO

A. A PERGUNTA PESQUISADORA DE SAULO

1. Saulo era colérico na perseguição da igreja
2. Jesus confrontou Saulo no caminho para Damasco
   a. Um resplendor de luz do céu; uma voz dizendo-lhe:
   b. A pergunta de Saulo: "Quem és tu, Senhor?"
   c. A resposta da voz: "Eu sou Jesus..."

B. CONTUDO, QUEM É JESUS?

II. CORPO DO SERMÃO

A. ELE É O SALVADOR PROFETIZADO

1. A primeira promessa de um Salvador veio após a Queda (Gen. 3:15)
   a. O designado para esmagar a cabeça da serpente
   b. O designado para redimir uma raça pecadora
2. Os profetas acrescentam suas profecias:
   a. O Salvador nasceria duma virgem (Is. 7:14)
   b. O Salvador seria Deus-homem (Is. 7:14; 9:6-7)
   c. O Salvador nasceria em Belém (Miq. 5:2)
   d. O Salvador seria precedido por João, que prepararia o caminho (Is. 40:3)
3. O nascimento milagroso ocorreu em Belém (Luc. 2)
   a. O Império Romano fez parte do milagre (o censo)
   b. Cristo nasceu no tempo certo (Gal. 4:4-5)

B. ELE É O SALVADOR CRUCIFICADO

1. Cada passo dado por Jesus em vida foi na direção da cruz
    a. Isaías profetizou sua morte dolorosa pelos pecadores (Is. 53)
    b. João Batista chamou-o de Cordeiro de Deus (João 1:36)
2. Jesus revelou sua morte próxima a seus discípulos (Mat. 20:18-19)
3. Sobre a cruz, Ele foi a figura do perdão (Mat. 27:29-50)
    a. Até o ladrão agonizante encontrou perdão (Luc. 23:43)
    b. Todo o que vem a Ele encontra perdão e vida eterna (João 3:16; 6:37)

C. ELE É O SALVADOR RESSURRETO

1. Sua ressurreição provou sua divindade (João 2:19)
2. Seus inimigos pensaram que o destruíram na cruz
    a. Porém, Ele ressuscitou (Mat. 28:1-6)
    b. Porque Ele ressuscitou aqueles que nele confiam, que também ressuscitarão (I Cor. 15:20)
3. Muitas provas de sua ressurreição:
    a. O túmulo vazio e as testemunhas oculares
    b. Os discípulos transformados e a permanência da igreja

D. ELE É O SALVADOR RETORNANDO

1. Cristo, que morreu e ressuscitou, voltará.
2. Ele deve vir para cumprir sua promessa (João 14:1-3)
3. Voce está você pronto para o seu retorno?

III. CONCLUSÃO

A. SAULO DESCOBRIU QUEM ERA JESUS CONFIANDO NELE COMO SALVADOR

B. A FÉ EM JESUS RESPONDERÁ TUAS PERGUNTAS ACERCA DELE TAMBÉM

UMA VOLTA PELO PRIMEIRO CEMITÉRIO

Gen. 5:6-24

I. INTRODUÇÃO

A. OS CEMITÉRIOS ANTIGOS SÃO INTERESSANTES

1. Os epitáfios contam a história de uma comunidade
   a. Frequentemente ilustram a profundidade da fé cristã
   b. Algumas vezes revelam a ocorrência de calamidades do passado
   c. Podem produzir lágrimas em pessoas sensibilizadas pela notícia de mortes precoces

2. Todos os epitáfios demonstram que a morte é um encontro marcado com a qual todos temos (Hebr. 9:27)

B. VERDADES DE UM TEXTO ACERCA DA VIDA E DA MORTE

II. CORPO DO SERMÃO

A. A MORTE É CERTÍSSIMA (v. 5-14)

1. A morte foi pronunciada em razão do fruto proibido (2:3)
   *a. Satanás lançou dúvida sobre isso em sua primeira tentação (*2:4)*
   b. A morte entrou com o primeiro pecado e desde então reinou (Rom. 5:12-14)

2. Abel foi a primeira pessoa a morrer assassinada (4:8)

3. Adão foi o primeiro a morrer de morte natural com 930 anos (5:5)

4. A duração de vida registrada nessas lápides bíblicas está revelando:
   a. Não sabemos porque tal longevidade era a regra
   b. Deus ainda determina a duração de vida de todos
   c. A morte pode demorar em chegar para alguns, mas chega para todos

5. A marcha certa para a morte apela pela preparação para a eternidade

6. Ninguém está preparado para viver até que esteja preparado para morrer

B. A VIDA É MUITÍSSIMO INCERTA (v. 15-20)

1. Observe as diferentes idades por ocasião da morte
    a. Você considera a morte somente para o idoso?
    b. "Lembra-te agora do teu Criador nos dias da tua juventude" (Ecl. 12:1)
    c. A primeira pessoa a morrer foi um homem jovem: Abel; a violência arrebata muitos jovens
2. A vida é tão incerta como o murchar da grama (I Pe. 1:24)
3. A vida é tão incerta como um vapor que aparece e desvanece (Tgo. 4:14)
4. O idoso deve morrer, e o jovem deve morrer
5. Lembre do rico insensato que esperava viver por muitos anos:
    a. Ele pensou que se aposentaria e cuidado!
    b. Ele morreu no dia do seu orgulho acerca do seu período de vida abundante (Luc. 12:20)

C. VAMOS ANDAR COM DEUS E VIVER ETERNAMENTE (v. 21-24)

1. Enoque foi um homem que andou com Deus
    a. Ele é um fanal num capítulo sombrio
    b. Ele é um exemplo de vida num capítulo de morte
2. Andamos com Deus pela fé (Rom. 5:1; II Cor. 5:7)
3. A fé traz salvação e vida eterna (Ef. 2:8-9)
4. Enoque representa os crentes que serão arrebatados no retorno de Cristo

III. CONCLUSÃO

A. VOCÊ RECEBERÁ CRISTO PELA FÉ HOJE?

B. SOMENTE ELE OFERECE VIDA ETERNA

1. A vida eterna começa no momento em que você crê (I João 5:12)
2. Você pode saber que viverá eternamente (I João 5:13)

O ÚLTIMO INIMIGO

I Cor. 15:26

I. INTRODUÇÃO

A. O HOMEM FOI CRIADO PARA VIVER

1. O homem tornou-se uma alma vivente (Gen. 2:7)
2. Ele foi criado para uma comunhão contínua com Deus

B. A MORTE VEIO POR CAUSA DO PECADO

1. Essa foi a única restrição num lugar perfeito (Gen. 3:3)
2. A desobediência trouxe a morte (Rom. 5:12-14)

II. CORPO DO SERMÃO

A. A MORTE É UM INIMIGO QUE APROXIMA-SE DISFARÇADO A TODOS

1. "Está ordenado ao homem morrer uma só vez (Hebr. 9:27)
   - *a. Esse é um encontro marcado que todos devemos ter*
   - *b. Outros encontros marcados podem ser cancelados, mas não esse*
2. Esse inimigo tem o poder de surpreender-nos de várias maneiras:
   - *a. Algumas vezes na juventude, até na infância*
   - *b. Algumas vezes na idade adulta - nossos corpos desgastam-se*
   - *c. Algumas vezes através de acidentes fatais*
3. Algumas pessoas perdem a batalha pela vida cooperando com o inimigo
   - *a. Acidentes causados pelo alcoolismo e outras drogas*
   - *b. Tabagismo e outros hábitos que aceleram a morte*
4. Muitas mortes são o resultado de violência e crime domésticos
5. O inimigo ceifa muitas vidas na guerra

B. A MORTE É UM INIMIGO COM O QUAL NOSSO SALVADOR ENVOLVEU-SE

1. Cristo veio para provar a morte em lugar de cada um de nós (Hebr. 2:9)

   a. Ele voluntariamente rebaixou-se aos anjos

   b. Ele humilhou-se até à morte (Filip. 2:5-7)

2. O inimigo perseguiu-o de Belém ao Calvário

   a. A matança de crianças de Belém por Herodes (Mat. 2:16-18)

   b. A tentativa de precipitarem Cristo de uma colina (Luc. 4:29)

   c. A tentativa de matar Cristo por apedrejamento (João 10:31)

   d. A tentativa de Satanás para induzir Jesus a cometer suicídio (4:6)

   e. A experiência de Jesus de quase-morte no Getsêmane (Mat. 26:35)

3. Cristo veio para enfrentar a morte na cruz

   a. Ele voluntariamente doou sua vida (João 10:17)

   b. Esteve em pleno controle até o fim (Luc. 23:46)

C. A MORTE É UM INIMIGO QUE CRISTO VENCEU

1. A morte foi vencida pela ressurreição (I Cor. 15:20)

   a. Sua ressurreição demonstrou sua vitória

   b. Sua ressurreição garante nossa ressurreição

2. A morte é derrotada pela promessa do céu (João 14:1-3)

3. A morte é derrotada pela promessa do arrebatamento vindouro (I Tess. 3:13-18)

III. CONCLUSÃO

A. A MORTE SERÁ DESTRUÍDA FINALMENTE

B. NÃO HAVERÁ MAIS MORTE (Apoc. 21:4)

C. VOCÊ ESTÁ PRONTO PARA ESSE GRANDE DIA?

JOSÉ EM PERIGO

Gen. 39

I. INTRODUÇÃO

A. JOSÉ, UM HOMEM QUE PASSOU PELAS TRIBULAÇÕES TRIUNFALMENTE

1. Seus irmãos odiavam-no e venderam-no como escravo por vinte peças de prata

2. Ele foi colocado na prisão e maltratado embora fosse inocente de todas as acusações

3. Ele providenciou alimento para multidões num tempo de fome

B. JOSÉ, UMA RECORDAÇÃO DE JESUS

1. Jesus foi rejeitado pelos seus (João 1:10-12)

2. Jesus foi vendido por trinta peças de prata (Mat. 26:15)

3. Jesus foi fiel quando tentado e abençoou multidões (Mat. 4)

C. JOSÉ, SEU TESTEMUNHO, TENTAÇÃO E TRIUNFO

II. CORPO DO SERMÃO

A. O TESTEMUNHO DE JOSÉ (v. 1-6)

1. Seu senhor, Potifar, viu que o Senhor estava com ele
   - *a. Havia algo diferente acerca de José*
   - *h A única resposta era que Deus estava com ele*
   - *c. Veem outros essa diferença em nós?*
2. José tinha o coração de um servo: "ele servia"
   - *a. José foi um serviçal como devemos ser (Col. 3:23)*
   - *b. O trabalho de José era compatível com o seu andar*
3. O serviço fiel de José conduziu a oportunidades maiores
4. José foi abençoado e tornou-se uma benção (v. 5-6)

B. A TENTAÇÃO DE JOSÉ (v. 7-12)

1. A esposa de José tentou-o
2. A tentação vem a todos
   a. *Ser tentado não é pecaminoso*
   b. *É pecado ceder à tentação*
3. A tentação pode vir de fontes inesperadas
4. A tentação pode ser persistente em seus ataques sobre nós
   a. *A esposa de Potifar instava com José "dia após dia"*
   b. *Devemos ficar atentos constantemente*
5. Devemos impedir situações que aumentem a tentação (v. 11-12)
   a. *José não deveria ter estado sozinho com essa sedutora*
   b. *Devemos nos abster de toda a aparência do mal (I Tess. 5:22)*

C. O TRIUNFO DE JOSÉ (v. 12-23)

1. José foi despido de sua capa, mas não do seu caráter
   a. *A firmeza de integridade foi mais importante para José do que a intriga sexual*
   b. *Algumas vezes a melhor maneira de vencer a tentação é fugir (I Cor. 6:18; 10:14)*
2. Deus provê graça e uma saída a cada tentação (I Cor. 10:13)
3. Se José cedesse à tentação teria permanecido um escravo
4. A integridade de José levou-o à cadeia, mas depois exaltou-o

III. CONCLUSÃO

A. O SENHOR ESTEVE COM JOSÉ A CADA PASSO DO CAMINHO (v. 21)

B. ESSE SERVO DO SENHOR PROSPEROU MESMO NA CADEIA (v. 23)

C. SEREMOS FIÉIS SEJA QUAL FOR O CUSTO?

A CHAMADA DE ELISEU: UM HOMEM COM UMA PAIXÃO PELO PODER

I Reis 19:19-21

I. INTRODUÇÃO

A. ELIAS NO FINAL DA JORNADA

1. Um profeta de Deus poderoso chega ao final de seu ministério
   - *a. Ele desafiou o ímpio rei Acabe*
   - *b. Orou com tal poder que parou a chuva durante seis meses*
   - *c. Ele tornou-se o segundo homem espacial após Enoque*
   - *d. Ele foi tão importante que encontrou-se com Moisés e Jesus na Transfiguração*

2. Elias foi comissionado para escolher Eliseu como seu sucessor (v. 17)

B. ELISEU COMO UM FAZENDEIRO BEM-SUCEDIDO

1. Ele estava lavrando com doze juntas de bois quando Elias chegou

2. Evidentemente ele era bem-sucedido e gostava de fazer as coisas de maneira grande

3. Agora sua vida iria mudar completamente, e nunca seria o mesmo

II. CORPO DO SERMÃO

A. O CHAMADO DE ELISEU DA PARTE DO SENHOR (v. 19)

1. O Senhor conhecia Eliseu antes de Elias chegar (v. 16; I Pe. 1:2)

2. O Senhor chamou Eliseu antes de Elias o anunciar (Ef. 1:4)

3. O Senhor usou Elias para comunicar Eliseu de sua chamada
   - *a. Deus usa seus servos para cumprir sua vontade*
   - *b. Devemos estar atentos ao ministério dos servos do Senhor*

4. O Senhor chamou Eliseu para o ministério quando ele estava ocupado

5. A chamada de Deus exige, frequentemente, que deixemos para trás o sucesso material para servi-lo.

B. O CONFLITO DE ELISEU ENQUANTO CONSIDERAVA O CHAMADO DE DEUS (v. 20)

1. O chamado de Deus sempre cria um conflito em nossas vidas
   - *a. O chamado de Deus exige uma decisão para segui-lo*
   - *b. Moisés deveria deixar suas ovelhas; Pedro deveria deixar seus barcos e a pescaria*
2. Os muitos problemas de Eliseu enquanto considerava o chamado de Deus:
   - *a. O problema de seus pais (os queridos frequentemente estão envolvidos numa decisão)*
   - *b. O problema de sua profissão (quem iria cultivar a fazenda?)*
   - *c. O problema de sua paixão pelo poder (ele amava aquele campo cheio de empregados)*
3. A batalha que muitas pessoas perderam:
   - *a. O jovem príncipe rico perdeu essa batalha (Luc. 18:18-23)*
   - *b. Escolheria você as coisas materiais e perderia o melhor de Deus para tua vida?*

C . A CONSAGRAÇÃO DE ELISEU QUE EMERGIU DO SEU CONFLITO (v. 21)

1. Eliseu decidiu que Deus seria o primeiro na sua vida.
   - *a. A chamada de Deus foi mais importante do que a profissão ou o poder*
   - *b. A submissão de Eliseu dar-lhe-ia a posição de um profeta de Deus*
   - *c. Eliseu viria a ser, em última análise, mesmo mais poderoso do que Elias*
2. Eliseu fez seu compromisso público
   - *a. Queimou seu arado no campo e ofereceu um churrasco a seus empregados*
   - *b. A vizinhança conheceria que havia um novo profeta no quarteirão*

III. CONCLUSÃO

A. COMO VOCÊ RESPONDERÁ AO CHAMADO DE DEUS EM TUA VIDA?

B. VOCÊ CONSIDERARÁ TODAS AS COISAS PERDIDAS EM LUGAR DE CRISTO?

C. VOCÊ DECLARARÁ PUBLICAMENTE SUA SUBMISSÃO A ELE?

RECOMPENSAS PARA CORREDORES

I Cor. 9:24-27

INTRODUÇÃO

A. RECOMPENSAS CELESTIAIS: UM ASSUNTO NEGLIGENCIADO

1. Falamos mais das casas daqui do que das do céu

2. Falamos de segurança, pecúlios e promoções, mas pouco de recompensas eternas

3. Jesus ensinou-nos a ajuntar tesouros no céu (Mat. 6:19-20)

B. COROAS NA BÍBLIA

1. Recompensas especiais recebem aqueles que correm bem na competição da vida

2. O que está envolvido nessa competição e quais suas recompensas?

II. CORPO DO SERMÃO

A. OS PARTICIPANTES NA COMPETIÇÃO (v. 24)

1. Aqueles que entram nessa competição devem começar pelo ponto inicial

a. O ponto inicial nessa competição é a salvação (At. 16:31; Rom. 10:9)

b. Nem todos que estão na competição visam recompensas celestiais

2. A corrida dos perdidos é para o inferno, aguardando o julgamento

a. O fogo é esperado na chegada, e o único prêmio é a perdição

b. Tudo acerca da corrida do pecador é temporário, exceto o castigo eterno

3. Aqueles que nasceram de novo participam da corrida mais importante da vida

a. Recompensas esperam cada crente na linha de chegada

b. A linha de chegada é diante do trono do julgamento de Cristo

4. Outros textos também referem-se a essa corrida (Filip. 3:14; Hebr. 12:1; II Tim. 4:7)

5. Como vai você na corrida?

B. O PRÊMIO NO FINAL DA CORRIDA (v. 24-25)

1. Os corredores têm um premio em vista quando a corrida começa

a. O primeiro da corrida vê-se rompendo a fita de chegada

b. O prêmio o manterá avançando para o final da competição

2. Paulo referiu-se aos jogos e coroas corruptíveis de valor não permanente

a. Ele tinha em mente provavelmente os jogos ístimos, junto da cidade de Corinto

b. Os prêmios ali eram coroas de pinho (algumas até de salsa, oliveira ou trepadeira)

3. Quão fugazes são os prêmios que a maior parte das pessoas busca durante a vida!

a. Riqueza acumulada não tem valor no final da vida (I Tim. 6:7)

b. Prestígio e popularidade são recompensas esvaecentes que frequentemente são perdidas antes do final

4. Os cristãos correm pelas recompensas permanentes concedidas no retorno de Cristo (Apoc. 22:12)

C. O PREÇO DE CORRER PARA CONQUISTAR O PRÊMIO NESSA CORRIDA (v. 26-27)

1. "Pois eu assim corro, não como indeciso"

a. Não havia dúvida acerca da intenção de Paulo de conquistar o prêmio

b. Ele não tinha tempo ou energia para desperdiçar. Nem nós devemos ter

2. Paulo tinha seu olho fixo no prêmio ao final da linha (Filip. 3:13-14)

3. Conquistar o prêmio requer disciplina árdua e renúncia

a. Paulo trazia seu corpo subjugado, não dando lugar à sensualidade ou preguiça

b. Devemos desejar pagar o preço deste exemplo de vencedor

III. CONCLUSÃO

A. ENTRE NA CORRIDA PELAS RECOMPENSAS ETERNAS ATRAVÉS DA FÉ EM CRISTO

B. OBTENHA RECOMPENSAS ETERNAS SUBMETENDO TUDO A ELE

CONSAGRAÇÃO DO TEMPLO

II Cron. 5:1, 13-14; 7:1, 14

I. INTRODUÇÃO

A. TEMOS SIDO EDIFICADOS PARA O SENHOR (v. 1)

1. Somos a resposta de uma visão oportuna
2. Recebemos recursos para transformar essa visão em realidade
3. Dedicamos nosso tempo e talentos

B. ESSE É O PLANO DE DEUS PARA NOSSO TEMPO

1. As igrejas locais são instrumentos de Deus para missões
2. As igrejas precisam de edifícios nos quais se reúnam para culto

C. QUAIS SÃO OS PROPÓSITOS PARA OS QUAIS DEDICAMOS ESTE EDIFÍCIO?

II. CORPO DO SERMÃO

A. UM LUGAR DE MUITO LOUVOR (v. 13-14)

1. Ação de graças e louvor são vitais no culto
   a. Observe como isso é verdadeiro na dedicação do templo de Salomão
   b. Considere o uso de ações de graças e louvor nos Salmos
2. Os musicistas estavam ocupados na dedicação do templo
   a. O coral e a orquestra uniram-se em louvor
   b. Elevemos nossas vozes em gratidão e louvor neste lugar
3. Gratidão e louvor são preciosos
   a. A gratidão e o louvor direcionam nossos corações de conflito para Cristo
   b. A gratidão e o louvor elevam-nos da depressão para o prazer espiritual
4. Que a gratidão e o louvor encham este edifício enquanto aqui permanecer!

B. UM LUGAR DE ORAÇÃO SINCERA (7:1)

1. Salomão orou e o fogo de Deus desceu para o templo
2. Precisamos do fogo de Deus para incendiar e aquecer este lugar
   a. *Este é um tempo atribulado para o mundo*
   b. *É tempo de apresentar ao Senhor nossos problemas*
3. D. L. Moody declara: "Cada grande obra de Deus tem sua retrospectiva a algum intercessor
4. A apostasia começa pela omissão da oração
5. As igrejas atualmente parecem tão impotentes
   a. *Nosso mecanismo bem lubrificado não está à altura dessa situação*
   b. *Somente a igreja completamente envolvida na oração fervorosa pode vir ao encontro das necessidades desta hora*
   c. *Precisamos de menos entretenimento e mais intercessão*

C. UM LUGAR DE PODER ESPIRITUAL RENOVADOR (7:14)

1. A dedicação de Salomão foi um dia de vitória, mas provações viriam
   a. *Gafanhotos infestariam a terra*
   b. *Enfermidades ocorreriam entre as pessoas*
2. O Senhor deu a Salomão uma promessa para os tempos difíceis
   a. *O povo deveria orar e buscar sua face*
   b. *O povo deveria retornar de seus maus caminhos*
   c. *O povo experimentaria avivamento e cura*
3. Que este edifício sempre seja um lugar de avivamento e evangelismo

III. CONCLUSÃO

A. CONSAGREMOS ESTE EDIFÍCIO, CONSAGRANDO-NOS

B. DEUS NOS ATENDERÁ AQUI E SARARÁ NOSSA IGREJA E NAÇÃO

TESOUROS, PROVAÇÕES E TESTES

I Pe. 1:1-9

I. INTRODUÇÃO

A. OS CRISTÃOS SÃO DIFERENTES

1. Outrora eram perdidos, mas agora são salvos
2. Outrora estavam destinados ao inferno, mas agora destinados para o céu
3. São cidadãos do céu peregrinando por este mundo (Filip. 3:20)

B. O QUE FAZ OS CRISTÃOS REAGIREM DIFERENTEMENTE?

1. Encontraram uma nova razão para viver
2. Descobriram respostas que os diferenciaram

C. POR QUE OS CRISTÃOS TEM UMA PERSPECTIVA DE VIDA DIFERENTE?

II. CORPO DO SERMÃO

A. SEUS TESOUROS SÃO ETERNOS (v. 1-5)

1. Eles sabem que nada apanha Deus de surpresa
   - *a. São eleitos de acordo com a preciência de Deus*
   - *b. Estão no plano de Deus desde o início*
2. Sabem que têm sido santificados pelo Espírito Santo
   - *a. Foram purificados pelo sangue de Cristo*
   - *b. São alvos da graça de Deus*
   - *c. Encontraram paz*
3. A ressurreição de Cristo lhes provê uma esperança viva
4. Eles têm uma herança eterna esperando no céu
5. São protegidos pelo poder de Deus e estarão com Ele eternamente

B.SUAS PROVAÇÕES SÃO TEMPORÁRIAS (v. 6)

1. Eles têm muitos motivos para regozijarem-se:
    a. Seus pecados estão perdoados
    b. Têm vida eterna
2. Não são imunes à provação, mas sabem que ela não permanecerá
    a. Sua posição em Cristo é permanente
    b. O desânimo é apenas por pouco tempo
3. Esse foi o motivo de Paulo ao regozijar-se na tribulação
    a. Ele podia louvar na prisão e agradecer na perseguição
    b. Considere sua doxologia de calabouço na prisão filipense (At. 16:25-32)
4. Finalmente Deus enxugará todas as lágrimas dos seus olhos (Apoc. 21:4)

C. SUAS PROVAÇÕES ESTÃO PLENAS DOS PROPÓSITOS DE DEUS (v. 7-9)

1. Todos os crentes vivem na esfera do amor de Deus
    a. Nada acontece sem o conhecimento de Deus
    b. Todas as coisas contribuem para o seu bem (Rom. 8:28)
    c. Cada experiência é destinada a torná-los semelhantes a Jesus (Rom. 8:29)
2. As provações testam sua fé para provar que ela é real
    a. Semelhante a Jó, o crente sai da provação como ouro (23:10)
    b. Provações temporárias resultarão em eterno louvor triunfante
3. Os problemas transitórios da vida presente parecerão pequenos quando virmos a Cristo

III. CONCLUSÃO

A. OS PECADORES ATRIBULADOS PODEM VIR A CRISTO E RECEBER VIDA ETERNA

B. OS CRENTES ATRIBULADOS PODEM ENCONTRAR CONFORTO NAS PROMESSAS DE DEUS

VOCÊ RECEBERÁ CRISTO OU O REJEITARÁ?

João 1:10-14

I. INTRODUÇÃO

A. PREFÁCIOS DOS ESCRITORES DOS EVANGELHOS

1. Mateus começa com Abraão, apresentando Cristo como o rei dos judeus
2. Marcos começa com João Batista, apresentando Cristo como o servo humilde
3. Lucas começa com a manjedoura, apresentando Cristo como o Filho do homem
4. João começa com o princípio, apresentando Cristo como o Filho de Deus

B. COMO O MUNDO REAGIU À CHEGADA DO FILHO DE DEUS?

II. CORPO DO SERMÃO

A. A REJEIÇÃO DA PALAVRA PELO MUNDO (v. 10)

1. "Ele estava no mundo... e o mundo não o conheceu"
2. Cristo foi apresentado como o Criador
   a. "Todas as coisas foram feitas por Ele" (v. 3)
   b. "O mundo foi feito por intermédio dele" (v. 10)
3. Houve demonstração de que Cristo era o Criador durante seu ministério terreno:
   a. Transformando a água em vinho (João 2:1-11)
   b. Andando sobre a água (João 6:19-20)
   c. Ressuscitando os mortos (João 11:43-44)
4. Contudo, o mundo o rejeitou
   a. Herodes estava preocupado demais com a cobiça e a avareza para aceitá-lo
   b. Pilatos estava ocupado demais fazendo política em vez de aceitá-lo

c. O jovem príncipe rico estava ocupado demais ganhando dinheiro para aceitá-lo

B. A REJEIÇÃO DE JESUS PELOS JUDEUS (v. 11)

1. "Veio para o que era seu e os seus não o receberam"
2. Os judeus esperavam o Messias, porém não o reconheceram
   a. Os profetas hebreus anunciaram que Ele viria
   b. Deram instruções específicas acerca de seu nascimento, morte e ressurreição
3. Cristo preencheu essas instruções dos profetas
   a. Ele nasceu de uma virgem em Belém (Is. 7:14; Miq. 5:2)
   b. Ele foi ferido e morto pelos pecadores (Is. 53; Zac. 12:10; 13:6)
   c. Ele levantou-se do túmulo (Salmo 16:10)
4. Contudo, seu próprio povo não o recebeu

C. O NOVO NASCIMENTO DAQUELES QUE RECEBEM JESUS COMO SALVADOR (v. 12-13)

1. "A todos quantos o receberam"
   a. Judeus e não judeus podem recebê-lo
   b. Todo aquele poderá vir (João 3:16; 6:37)
2. Aqueles que recebem Cristo pela fé nascem de novo
   a. Nicodemos aprendeu isso quando veio a Jesus de noite (João 3:1-5)
   b. Aqueles que recebem a Cristo nascem na família de Deus (v. 13)
3. Você já nasceu de novo?

III. CONCLUSÃO

A. AQUELE QUE EXISTIU ANTES DE QUALQUER SER HUMANO TORNOU-SE SER HUMANO (v. 14)

B. AQUELE QUE ESTAVA NO CÉU DESCEU À TERRA (Filip. 2:5-7)

1. Ele veio à Terra para que possamos ir para o céu (João 14:1-6)
2. Você aceitará a Cristo ou o rejeitará?

PAULO DIANTE DE FELIX

Atos 24:1-23

I. INTRODUÇÃO

A. PAULO ESTAVA DETERMINADO A IR PARA JERUSALÉM

1. O Espírito Santo avisou-o de prisões e tribulações ali (20:23)

2. Os discípulos, pelo Espírito Santo, disseram-lhe para não ir (21:4)

3. Muitos outros crentes rogaram-lhe para não ir (21:12)

B. PAULO PASSOU TRIBULAÇÃO EM JERUSALÉM (At. 22-23)

1. Contando acerca de sua conversão sobreveio perseguição e prisão

2. Apelando para seus direitos como cidadão romano, foi enviado a Cesareia.

C. PAULO COMPARECEU DIANTE DE FELIX, O GOVERNADOR ROMANO

II. CORPO DO SERMÃO

A. OS ACUSADORES DE PAULO (24:1-9)

1. Tertulo, um advogado eloquente, começou elogiando Felix (v. 2-3)

2. Ele apresentou três acusações falsas contra Paulo:

a. Que ele era uma peste, um perturbador da paz (v. 5)

b. Que ele era um promotor de sedição entre todos os judeus (v. 5)

c. Que ele era um profanador do templo (v. 6)

3. Os crentes podem esperar ser acusados falsamente

a. Jesus foi acusado falsamente, portanto devemos esperar o mesmo tratamento

b. Um servo não é maior que o seu Senhor (João 15:20)

4. Uma acusação contra Paulo era verdadeira: era um líder entre os cristãos (v. 5)

5. O mundo rejeita e persegue aqueles que amam a Cristo e o servem (II Tim. 3:12)

B. PAULO RESPONDEU A SEUS ACUSADORES (v. 10-15)

1. Respondeu-lhes animadamente (v. 10)

a. Algumas pessoas poderiam dar-se por vencidas

b. Algumas pessoas teriam ficado com ódio para com seus acusadores

2. Ele respondeu sinceramente (v. 11-13)

a. Ele não foi a Jerusalém para causar um tumulto

b. Ele veio a Jerusalém para adorar a Deus

3. Confessou que era um crente em Cristo (v. 14-15)

a. Enfatizou que adorou de acordo com as palavras dos profetas

b. Admitiu que cria na ressurreição do justo e do injusto

4. As respostas verdadeiras de Paulo tornaram seus acusadores responsáveis diante de Deus

C. PAULO COMPARTILHOU COM FELIX SEU PROPÓSITO DE VIDA (v. 16-21)

1. Paulo queria ter uma consciência sem ofensa diante de Deus e dos homens

a. Queria estar continuamente correto com Deus

b. Queria também estar correto com as pessoas

c. Como ficam os teus propósitos comparados aos de Paulo?

2. Paulo queria ser generoso, trazendo ofertas para os pobres do seu povo

3. Paulo queria que Felix soubesse que a ressurreição é importante (Rom. 10:9)

4. Voce está de bem com Deus e com as pessoas?

5. Voce está você pronto para o retorno de Cristo e a ressurreição?

III. CONCLUSÃO

A. AGORA FELIX ENTENDEU MAIS ACERCA DO EVANGELHO (v. 22-23)

B. OS OUTROS FICAM SABENDO MAIS ACERCA DO EVANGELHO ATRAVÉS DE VOCÊ?

FELIX DIANTE DE PAULO

Atos 24:24-27

I. INTRODUÇÃO

A. AS COISAS RARAMENTE SÃO O QUE PARECEM

1. Nós vemos eventos e experiências de um ponto de vista terrestre

2. Deus vê tudo de um ponto de vista celestial

3. O Espírito Santo capacita os crentes para discernir do ponto de vista celestial

(I Cor. 2:14-16)

B. PAULO PERMANECEU DIANTE DE FELIX, MAS REALMENTE FELIX ESTAVA DIANTE DE PAULO

1. Paulo compartilharia a mensagem do céu com esse juiz terrestre

2. A resposta desse juiz determinaria seu destino eterno

II. CORPO DO SERMÃO

A. O HOMEM FELIX (v. 24)

1. Antonius Felix era o governador da Judeia
   a. Foi designado para essa posição por César Claudio
   b. Foi designado para essa posição cerca de dois anos antes de encontrar Paulo

2. Não há muitas coisas boas a dizer acerca de Felix
   a. Ele era um político sem princípios, ímpio, astuto
   b Ele tinha sua própria versão de "Murder, Inc." para eliminar seus inimigos

3. Que me diz acerca de Drusila?
   a. Ela foi a filha mais nova e bela do rei Agripa I
   b. Ela se casou com o rei Azizus, mas foi seduzida por Felix

4. Paulo, o prisioneiro, encontrava-se diante de duas pessoas culpadas

5. Quando Paulo falou, tinha uma mensagem para mudar a vida do governador

B. FELIX E A MENSAGEM DE PAULO A ELE (v. 25)

1. A mensagem esboçada em três pontos por Paulo era direta de Deus para o governador.

2. Ponto um: justiça
   - *a. Todos temos falta dela (Rom. 3:23)*
   - *b. Nossa justiça humana é tão suja como trapos de imundície (Is. 64:6)*
   - *c. Nossa única esperança de justiça é mediante a fé (Rom. 4:3)*

3. Ponto dois: temperanç e autodomínio)
   - *a. Esta palavra é usada apenas três vezes na Bíblia: aqui e em Gal. 5:23 e II Pe 1:6*
   - *b. Felix era um controlador fora de controle; estava interessado em controlar outros*
   - *c. Cristo oferece autocontrole para aqueles que não conseguem controlar sua cobiças e hábitos*

4. Ponto três: julgamento vindouro
   - *a. Que coragem isso tinha exigido da parte de Paulo!*
   - *b. Ele disse ao juiz que seria julgado algum dia*
   - *c. Todos precisamos enfrentar essa verdade e estar preparados para seu cumprimento (Hebr. 9:27)*

C. FELIX E SEU ERRO (v. 25)

1. Felix tremia quando Paulo terminou sua mensagem
   - *a. Deus operou em seu coração, convencendo-o de pecado*
   - *b. Aquele foi o momento da oportunidade para o governador*
2. Felix escolheu adiar
3. Sempre é um erro adiar o retorno a Cristo

III. CONCLUSÃO

A. DEUS ESTEVE FALANDO COM VOCÊ ACERCA DE ACERTAR-SE COM ELE?

B. NUNCA HAVERÁ UM MOMENTO MAIS CONVENIENTE PARA SER SALVO

COMO TORNAR-SE UMA PESSOA NOVA

II Cor. 5:17-19

I. INTRODUÇÃO

A. VERSOS BÍBLICOS CONCISOS

1. O evangelho em poucas palavras (João 3:16)
2. A vida cristã em poucas palavras (II Cor. 5:17)

B. QUANDO ALGUÉM VEM A CRISTO, TODAS AS COISAS TORNAM-SE NOVAS

1. Isso não é estranho, visto que confiar em Cristo traz novo nascimento (João 3:1-5)
2. Jesus contou a Nicodemos que ele precisava nascer de novo
3. O novo nascimento resulta numa nova vida

C. UMA DESCRIÇÃO DO QUE ACONTECE APÓS A CONVERSÃO

II. CORPO DO SERMÃO

A. AS COISAS QUE DESAPARECEM GRADUALMENTE (v. 17)

1. "As coisas antigas vão passando"
2. Paulo escreveu da experiência pessoal
   a. Outrora ele tinha a esperança de destruir a igreja
   b. Depois dedicou sua vida para iniciar e edificar igrejas
3. Exemplos bíblicos de coisas antigas que vão passando:
   a. "Tendo sido escravos do pecado" (Rom. 6:17)
   b. "E tais fostes alguns de vós" (I Cor. 6:9-11)
   c. "Fostes vivificados estando vós mortos nos vossos delitos e pecados (Ef. 2:1-3)
4. A vida cristã é uma vida transformada, e essa transformação fica evidente a todos
5. Algo está errado quando nada muda no momento em que você nasce de novo

B. AS COISAS NOVAS (v. 17)

1. "Eis que tudo se fez novo"
2. O desaparecimento das coisas antigas não é uma indicação de um vazio, mas uma vitória

3. Confiar em Cristo dá lugar a um início novo; os pecados são perdoados (I Cor. 6:11)

4. Nascer de novo dá lugar a um propósito novo para viver (Filip. 3:7-10)

5. Receber a Cristo como Salvador significa o crente ter um destino novo: o céu

6. Tornar-se um cristão implica uma perspectiva nova de vida

a. Significa não quanto possamos ganhar, mas quanto possamos ofertar

b. Não quantas vitórias no tribunal, mas quantas dedicações no altar

c. Não quanto prestígio, mas quanto poder na oração

d. Não uma vida baseada na cobiça, mas no amor pelos crentes e pelos perdidos

C. O FUNDAMENTO DE TODAS AS COISAS (v. 18)

1. "Todas as coisas provêm de Deus"

2. Todas as coisas cooperam para nosso bem, cumprindo os propósitos de Deus (Rom. 8:28)

3. Nada temos de que nos orgulhar, porquanto tudo o que recebemos e conseguimos vem do Senhor

4. De nada temos de nos queixar, pois Ele cuida de nós e mantém nosso futuro em suas mãos

5. Não precisamos revidar aos injustos, pois Deus, em última análise, faz tudo certo

III. CONCLUSÃO

A. A FÉ EM CRISTO RECONCILIA-NOS COM DEUS (v. 18)

1. Essa é a maior história continuamente contada

2. Os pecadores culpados são reconciliados com Deus, e Ele dá-lhes vida nova

B. AS PESSOAS NOVAS QUEREM QUE OUTRAS TORNEM-SE NOVAS (v.1 9)

C. ALGUÉM JÁ DESTINADO PARA O CÉU VAI QUERER QUE OUTROS TAMBÉM VÃO PARA LÁ

AS RIQUEZAS INESGOTÁVEIS DE CRISTO

Ef. 3:8

I. INTRODUÇÃO

A. O MUNDO BUSCA LOUCAMENTE POR RIQUEZAS

1. As pessoas sacrificarão quase tudo pelos bens materiais
2. O próprio céu tem sido vendido por uma ninharia em ouro
3. Judas vendeu Jesus por trinta peças de prata

B. AS RIQUEZAS DESTE MUNDO TÊM SIDO TRANSITÓRIAS

1. "Não ajunteis para vós tesouros na Terra" (Mat. 6:19)
2. "De nada aproveitam as riquezas no dia da ira" (Prov. 11:4)

C. PAULO PREFERIU AS RIQUEZAS INESGOTÁVEIS DE CRISTO

II. CORPO DO SERMÃO

A. AS RIQUEZAS DA SUA GRANDE BONDADE (Rom. 2:4)

1. Quão bom o Senhor tem sido para nós!
   a. Ele tem nos dado vida com todas as suas bênçãos
   b. Providenciou vida eterna através de sua morte na cruz
2. Sua bondade é manifestada em sua longanimidade (paciência)
   a. Ele impede o julgamento que merecemos
   b. Ele atura nossas muitas falhas e pecados
3. Sua resignação demonstra seu amor extraordinário
4. A compreensão de sua bondade conduz-nos ao arrependimento
   a. Como podemos resistir a tal amor?
   b. Ele alcança-nos onde estamos para tornar-nos o que devemos ser

B. AS RIQUEZAS DA SUA GRAÇA (Ef. 2:7)

1. Graça: que palavra maravilhosa e toda abrangente!

a. Uma palavra que reúne o amor e a misericórdia de Deus

b. Uma palavra que convida os pecadores ao Salvador para serem purificados e tornados perfeitos

2. A graça salva e reaviva os mortos no pecado (Ef. 2:1-3)

3. Nada de bom há nesses pecadores aos quais a graça é oferecida

a. Eles andavam segundo o curso deste mundo

b. Estavam satisfazendo os desejos da carne (Ef. 5:1-6)

4. O futuro é brilhante para os que recebem as riquezas da sua graça

a. Estão seguros quanto ao futuro (as eras por vir)

b. Eles serão eternamente objetos de sua bondade

C. AS RIQUEZAS DA SUA GLÓRIA (Ef. 1:18)

1. Isso tem a ver com a nossa herança com Cristo

a. Somos herdeiros de Deus e co-herdeiros com Cristo (Rom. 8:17)

b. Receberemos essa herança rica quando nosso Senhor retornar (8:18)

2. Agora os crentes contemplam a criação e a glória

3. Depois a criação contemplará os crentes e a glória

4. Pedro, Tiago e João captaram um relance da glória de Cristo no Monte da Transfiguração (Mat.17)

5. Nós participaremos das riquezas da sua glória por toda a eternidade

III. CONCLUSÃO

A. POR QUAL RAZÃO O PECADOR POBRE ACEITARÁ A GRAÇA RICA ATUALMENTE?

B. QUEM ACREDITARÁ QUE NOSSO SALVADOR É SUFICIENTEMENTE RICO EM MISERICÓRDIA PARA SALVAR?

C. QUEM DESEJA PARTICIPAR DAS RIQUEZAS DA GLÓRIA DE DEUS?

PREPAREM VOSSOS CAMPOS INFÉRTEIS PARA A LAVOURA

Oseias 10:12

I. INTRODUÇÃO

A. O EVANGELHO E A GRANDE COMISSÃO

1. O evangelho torna a salvação disponível a todos (Rom. 10:9-13)

2. A Grande Comissão envia os crentes com o evangelho a todos (Mat. 28:18-20)

3. O evangelho pregado pela igreja primitiva transtornou o mundo (At. 17:6)

B. PRECISAMOS RETORNAR ÀQUELES DIAS VIBRANTES DE OUTRORA

1. Precisamos de um avivamento que restaure o primeiro amor e a paixão pelo perdido

2. Precisamos de um avivamento como Israel precisou nos dias de Oseias

a. As pessoas precisavam lavrar seu campo para a lavoura

b. O que Oseias quis dizer quando convocou para isso acontecer entre seu povo?

II. CORPO DO SERMÃO

A. O QUE É UM SOLO INFÉRTIL?

1. Um campo infértil fora outrora produtivo, mas agora permanece em descanso

a. Outrora houve colheitas abundantes desse solo

b. Agora há apenas ervas daninhas e deserto

2. Por comparação, Oseias podia identificar-se com a necessidade de lavrar o solo infértil

a. O passado glorioso de Israel: o milagre do Mar Vermelho, o maná e a água tirada de uma rocha

b. A condição triste do povo que estimulou a convocação profética de Oseias

3. Podemos nos identificar com a necessidade dessa convocação em nosso tempo

a. As igrejas têm crescido frias e acomodadas

b. Os santos sentam-se e saturam-se enquanto os pecadores morrem e vão para o inferno

B. O QUE UM SOLO INFÉRTIL PRODUZ?

1. O solo infértil produz espinhos e cardos (Mat. 13:7,22)

a. Os cuidados deste mundo sufocam a Palavra de Deus

b. A sedução das riquezas provoca prioridades erradas

c. A idolatria toma o lugar da dedicação total ao Senhor

2. O solo infértil produz a raiz de amargura (Hebr. 12:12-15)

a. Cantamos acerca de um doce, doce espírito neste lugar

b. Mas a amargura frequentemente esconde-se debaixo da superfície dos cânticos dos santos

c. Crentes amargurados ofendem-se com facilidade e são ligeiros para causarem divisões na igreja

3. Um solo infértil é frequentemente o resultado de apatia e preguiça

a. Os cristãos preguiçosos são lentos para fazer o que Deus ordenou (Juiz. 18:9)

b. Os cristãos preguiçosos omitem-se do serviço para o Senhor (Prov. 12:27)

c. Cristãos preguiçosos apresentam desculpas para não se envolverem (22:13)

d. Os cristãos preguiçosos descobrem que suas vidas são improdutivas (24:30-34)

C. COMO UM CAMPO INFÉRTIL PODE SER PREPARADO?

1. Um campo infértil pode ser lavrado com a Palavra de Deus

a. A Bíblia é um espelho que capacita-nos a ver-nos como somos (Tgo. 1:23)

b. Um campo infértil pode ser lavrado pelo arrependimento (Apoc. 2:4-5)

3. Um campo infértil pode ser lavrado pela humildade e oração (II Crôn. 7:14)

III. CONCLUSÃO

A. O QUE MOTIVARÁ VOCÊ PARA LAVRAR TEU CAMPO INFÉRTIL?

B. VOCÊ DESEJA PAGAR O PREÇO DO REAVIVAMENTO?

AGRICULTURA BEM-SUCEDIDA

Mat. 13:1-8; 18-23

I. INTRODUÇÃO

A. DEUS QUER TORNAR-NOS LAVRADORES

1. Cada crente é o resultado do cultivo espiritual de alguém
2. Semear e colher fizeram parte de trazer você a Cristo

B. CRISTO CONTOU A PARÁBOLA DO SEMEADOR

1. Jesus estava ensinando uma multidão à beira-mar
2. Dentro de um barco, como seu púlpito, Ele ensinou por parábolas
3. Sua primeira parábola teve a ver com a semeadura espiritual

II. CORPO DO SENHOR

A. O SEMEADOR (v. 3)

1. Para onde o semeador está indo?
   a. Ele está indo para o campo
   b. O campo é o mundo (v. 38)
   c. Não há distinção entre missões "nacionais e "estrangeiras"

2. Em que consiste a importância dessa obra do semeador?
   a. A menos que ele semeie, o campo não produzirá
   b. A menos que ele semeie, não haverá colheita

3. Como o semeador representa cada crente?
   a. Devemos ir e ensinar todas as nações (Mat. 28:18-20)
   b. Devemos ir por todo o mundo e pregar o evangelho (Mc. 16:15)
   c. Devemos ser testemunhas de Cristo até Ele retornar (At. 1:8)

B. A SEMENTE QUE É SEMEADA (v. 4)

1. O que significa esse semeador semeando?
   a. Ele está semeando a semente na esperança de uma colheita boa
   b. A semente é a Palavra de Deus (Luc. 8:11)
2. Por que devemos semear a Palavra de Deus?
   a. Somente a Bíblia tem a mensagem que os pecadores perdidos precisam
   b. Somente a Bíblia contém o caminho da salvação (At. 4:12)
   c. Somente a Bíblia garante ser efetiva (Is. 55:11)
3. Como podemos semear essa semente boa?
   a. Vivendo sua mensagem a cada dia diante dos outros
   b. Contando sua mensagem para aqueles que encontramos ao longo do caminho
   c. Compartilhando sua mensagem através da pregação, literatura e pela mídia
   d. Trazendo outros à igreja onde possam ouvir a Palavra de Deus
4. Voce fez alguma semeadura hoje?

C. O SOLO NO QUAL A SEMENTE É SEMEADA (v. 4-8)

1. Ele semeia à beira do caminho, por onde as pessoas caminham diariamente

2. Ele semeia em solo pobre, onde há pouca esperança de germinação

3. Ele semeia entre espinhos, onde a oposição é forte

4. Ele semeia em solo bom, onde uma colheita abundante é provável

III. CONCLUSÃO

A. QUANTA SEMEADURA VOCÊ FEZ NESTA SEMANA?

B. VOCÊ TEM DESEJO DE TORNAR-SE UM SEMEADOR FIEL AO SALVADOR?

SEMEADURA MALSUCEDIDA

Ecles. 11:4

I. INTRODUÇÃO

A. O GRANDE PLANO DE DEUS PARA ALCANÇAR O MUNDO (Salmo 126:5-6)

1. Indo e semeando; chorando e colhendo
2. Outras referências da semeadura espiritual na Bíblia:
   a. A parábola do semeador (Mat. 13:1-8; 18-23)
   b. Semeando e colhendo; trabalho e recompensa (João 4:35-38)

B. TODOS DEVEMOS SEMEAR E COLHER (Salmo 126:6)

1. Devemos semear a Palavra de Deus e colher almas para Cristo
2. Semear traz um sentimento de realização; colher traz grande alegria

C. UMA PREVISÃO DE FALHA PARA DOIS SEMEADORES

II. CORPO DO SERMÃO

A. O SEMEADOR QUE NÃO SEMEARIA

1. "Quem observa o vento, não semeará"
2. Ele representa um semeador que não semeará
   a. Ele tem sementes em sua mão, mas teme lançá-las ao solo
   b. Se semeasse, uma colheita seria esperada, mas teme fazê-lo
3. A Bíblia relata espécies diferentes de semear
   a. Semear justiça como modo de vida traz recompensas (Prov. 11:18)
   b. Semear riquezas materiais traz abundância (II Cor. 9:6)
   c. Semear a Palavra de Deus resulta em almas colhidas (Salmo 126:6)

4. Esse semeador relutante é imobilizado pelo vento (o medo de como as pessoas reagirão)

B. O SEMEADOR QUE NÃO COLHERIA

1. "O que atenta para as nuvens não cegará"

2. Esse homem semeou sua semente na primavera, e é tempo de colher

3. Ele permanece com a foice na mão, mas não fará a colheita

   a. Tem medo de colher por causa das nuvens

   b. Ele teme que uma tempestade destruia sua safra longamente esperada

   c. Sua falha de colher é mais fatal do que qualquer tempestade prevista

4. Muitas nuvens impedem-nos de colher:

   a. Medo de que dirão as pessoas se colhermos

   b. Medo de começar bem, mas não ser capaz de completar

   c. Medo de Deus não auxiliar na colheita

5. "Deus não nos deu um espírito de temor" (II Tim. 1:7) Podemos vencer!

C. A COLHEITA QUE NUNCA VEIO

1. "Não semeará

2. Sem semeadura, sem colheita, sem safra

3. Tal safra foi perdida por causa do medo das nuvens e do vento

   a. Que ventos de medo impedem você de semear?

   b. Que nuvens terríveis impedem você de colher?

4. Sem safra de almas para o Salvador – quão triste!

III. CONCLUSÃO

A. NUVENS E VENTO NÃO DEVEM IMPEDIR UMA COLHEITA ABUNDANTE

B. O MEDO NÃO DEVE IMPEDIR DE SERMOS FIÉIS

C. IDE E SEMEAI E CHORAI E COLHEI TRAZENDO A SAFRA

O QUE OCUPA TUA MENTE?

Filip. 4:8

I. INTRODUÇÃO

A. NOSSOS PENSAMENTOS REVELAM QUEM SOMOS (Prov. 23:7)

1. Não somos o que pensamos que somos

2. Aquilo que pensamos, isso somos

B. PAULO REQUEREU PENSAMENTOS CENTRALIZADOS NO LOUVOR (Filip. 4:8)

1. Ele rejeita o pensamento negativo, crítico, como impróprio para crentes

2. "Se há alguma virtude e se há algum louvor, pense nessas coisas"

II. CORPO DO SERMÃO

A. POR QUE NOSSOS PADRÕES DE PENSAMENTO SÃO TÃO IMPORTANTES PARA DEUS?

1. O que pensamos determina aquilo que dizemos e fazemos

2. Um pensamento é o gerador de cada palavra

a. Cada palavra que confere bênçãos aos outros

b. Cada palavra que inspira e encoraja

c. Cada palavra que desencoraja e destrói

d. Cada palavra que cultiva ódio e mágoa

3. Um pensamento é o gerador de cada ato

a. Cada ato de bondade e amor

b. Cada ato de crime e violência

c. Cada ato cobiçoso e adúltero

4. Não é de admirar que Deus esteja interessado nos assuntos acerca dos quais escolhemos para pensar

5. Não é de admirar que o salmista pediu ao Senhor para conhecer seus pensamentos (Salmo 139:34)

B. COMO PODEMOS DISCERNIR SE NOSSOS PADRÕES DE PENSAMENTO ESTÃO AGRADANDO A DEUS?

1. Paulo resume a ênfase de nossos pensamentos se estão agradando a Deus

   a. Ele faz uma descrição da mente cristã como deve ela ser

   b. Isso é o que uma ressonância magnética por imagem, espiritual, do crente deveria revelar

2. Nossos pensamentos devem ser de coisas verdadeiras (verídicas)

3. Nossos pensamentos devem se constituir de coisas honestas (nobres)

4. Nossos pensamentos devem se constituir de coisas que são justas, retas, boas (At. 10:21)

5. Nossos pensamentos devem se constituir de coisas que são puras

   a. Não acomodando-se na imoralidade dos costumes

   b. Calvino: "Isso é pureza em todas as áreas da vida"

6. Nossos pensamentos devem se constituir de coisas que são amáveis e de boa fama

7. Nossos pensamentos devem se constituir do melhor acerca dos outros

8. Nossos pensamentos devem ser centralizados no louvor a Deus

C. COMO PODEMOS HARMONIZAR NOSSOS PADRÕES DE PENSAMENTO COM A VONTADE DE DEUS:

1. Os pensamentos corretos advêm de corações que estão corretos com Deus (Salmo 139:23-24)

2. Devemos confessar nossos pensamentos errados ao Senhor e ser perdoados (I João 1:9)

3. Devemos escolher conteúdo mental que produz bons pensamentos

   a. O que está acontecendo na tua vida devocional? Em Tua devoção a Cristo?

   b. Quanto tempo você gasta estudando a Bíblia? E lendo livros cristãos?

III. CONCLUSÃO

A. SE CRISTO RETORNASSE HOJE, O QUE ELE ENCONTRARIA EM TUA MENTE?

B. O QUE VOCÊ MUDARIA PARA TER PENSAMENTOS AGRADÁVEIS A DEUS?

C. QUEM SE DISPORÁ PARA DESENVOLVER PADRÕES DE PENSAMENTO DE LOUVOR?

OS ESCARNECEDORES DOS ÚLTIMOS DIAS

II Pedro 3:1-4

I. INTRODUÇÃO

A. UM LIVRO ACERCA DO FUTURO

1. Cada capítulo em II Pedro é profético

2. É uma epístola para alertar seus leitores a prepararem-se para o retorno de Cristo

B. AS PESSOAS QUE ZOMBAM EM RELAÇÃO À TAL PREPARAÇÃO

1. Elas zombam das profecias do retorno de Cristo

2. Elas zombam da necessidade de pureza levando em consideração o retorno de Cristo

3. Elas zombam da promessa do retorno de Cristo

C. COMO RESPONDEREMOS A ESSES ZOMBADORES SARCÁSTICOS?

II. CORPO DO SERMÃO

A. ZOMBAMDO DAS PROFECIAS DO RETORNO DE CRISTO

1. Pedro lembra-nos das palavras dos profetas (v. 2)

a. Ele afirma que essas profecias não são fábulas (1:16)

b. Ele afirma com autoridade porque esteve na Transfiguração (1:16-18)

c. Os profetas falaram movidos pelo Espírito Santo (1:21)

2. Davi escreveu acerca do retorno do Senhor em poder para governar as nações (Salmo 2)

3. Isaias escreveu do tempo quando Cristo estabeleceria seu reino (9:6-7; 11:3-5)

4. Zacarias escreveu do tempo quando veremos o Cristo ferido (12:10; 13:6)

5. Os próprios zombadores são um cumprimento de profecia:

a. Pedro afirmou que apareceriam

b. Suas palavras nos últimos dias confirmam que Cristo está chegando

B. ZOMBANDO DA NECESSIDADE DE PUREZA EM RELAÇÃO AO RETORNO DE CRISTO

1. "Andando segundo suas próprias concupisciências"

2. Tais zombadores pensam que a moralidade não tem importância

a. Eles não esperam permanecer diante do nosso Deus santo

b. Pensam que podem pecar e vencer, mas isso é impossível (Num. 32:23)

3. Considere os zombadores do passado que estavam errados:

a. O zombadores do tempo de Noé pereceram no Dilúvio (Gen. 6-7)

b. Os zombadores de Sodoma e Gomorra morreram num holocausto de fogo (Gen.19)

c. Belsazar, o zombador, foi pesado e achado em falta (Dan. 5)

4. Para os crentes, o retorno de Cristo é uma esperança purificadora (I João 3:3)

a. Eles não querem envergonhar-se no retorno do Senhor (2:28)

b. A iminência do retorno de Cristo requer um viver santo (Luc. 12:40)

C. ZOMBANDO DA PROMESSA DO RETORNO DE CRISTO

1. "Onde está a promessa da sua vinda?" (v. 4)

a. Os sinais e promessas de Mateus (24:27-44)

b. A advertência e a promessa de Mateus (25:13)

c. A promessa de Jesus no cenáculo (João 14:1-3)

d. A promessa de Paulo aos tessalonicenses (I Tess. 4:13-18)

3. A longa espera do retorno de Cristo não é motivo para duvidar de que virá

III. CONCLUSÃO

A. PASSE DE ZOMBADOR DE CRISTO PARA CRENTE NELE

B. AQUELE DE QUEM VOCÊ TEM DUVIDADO PODE VOLTAR HOJE

O PORQUÊ DA DEMORA PARA O RETORNO DE CRISTO

II Pe. 3:9

I. INTRODUÇÃO

A. ALGUMAS PESSOAS DUVIDAM QUE CRISTO DE FATO RETORNARÁ (v. 1-7)

1. A longa espera é apresentada por elas como prova de que Ele não cumprirá sua promessa
2. Zombam das profecias do seu retorno e vivem por aquilo que sentem ser-lhes bom
3. Seu pobre julgamento presente lhes trará julgamento futuro com certeza

B. POR QUE NOSSO SENHOR TEM DEMORADO TANTO?

1. Por que Cristo não voltou para calar os zombadores?
2. Por que Cristo não voltou para cumprir sua promessa?

C. PEDRO OFERECE ALGUMAS RESPOSTAS PARA AQUELES QUE ADMIRAM PORQUE ESPERAMOS

II. CORPO DO SERMÃO

A. A PROMESSA DO SENHOR SERÁ CUMPRIDA

1. "O Senhor não retarda a sua promessa"
2. Especular acerca de quando Cristo voltará é inútil
   a. Ninguém saberá antecipadamente (Mat. 24:36)
   b. Podemos ter certeza de que Cristo retornará pontualmente
3. Cada momento que passou conduz-nos mais perto do cumprimento da promessa
   a. Os zombadores não podem mudar isso
   b. Os marcadores de data não podem determiná-lo
   c. É como um rio estrondoso fluindo em direção à cascata
   d. É como o tempo marcado pelo tique-taque para o detonar de uma bomba
4. O tempo de Deus é calculado pelo relógio dele, não o nosso (v. 8)

B. A PACIENCIA DO SENHOR NÃO SE ESGOTOU

1. O Senhor é longânimo

2. A paciência de Deus é uma das razões de sua aparente demora

3. O salmista reconheceu a paciência de Deus e por ela agradeceu (103:8-10)

   a. *"O Senhor é misericordioso e compassivo, tardio em irar-se e grande em benignidade"*

   b. *Todos estaríamos em profunda aflição não fosse a paciência de Deus*

4. Lembretes diários da benignidade de Deus

   a. *Sua paciência com nossa omissão na oração*

   b. *Sua paciência com nossa falta de interesse pelas almas*

   c. *Sua paciência com nossa mentalidade mundana*

   d. *Sua paciência apesar das nossas inconstâncias*

5. Por quê, então, ficamos tão impacientes em relação ao cumprimento de sua promessa?

6. Devemos aguardar a vinda de Cristo com confiança e esperança (I João 2:28)

C. A PAIXÃO DO SENHOR DETERMINA A CHEGADA DAQUELE GRANDE DIA

1. Deus "não quer que ninguém se perca"

   a. *Sua promessa está firmada na salvação das almas perdidas*

   b. *Cristo virá quando a última alma for conquistada para completar sua noiva*

2. Cada dia até o Arrebatamento é um apelo ao arrependimento

3. Enquanto há tempo, é tempo de vir a Cristo antes que Ele volte

III. CONCLUSÃO

A. VOLTE ENQUANTO HÁ TEMPO

B. HOJE É O DIA DA SALVAÇÃO (II Cor. 6:1-2)

C. NÃO ENDUREÇA TEU CORAÇÃO NEM PERCA ESSA OPORTUNIDADE (Hebr. 4:7)

UM TEXTO PARA TEMPOS DIFÍCEIS

João 14:1-6

I. INTRODUÇÃO

A. OS TEMPOS DIFÍCEIS VÊM PARA TODOS

1. Todos passamos por coisas que pensávamos nunca passaríamos

2. Muitas pessoas passam por situações que pensavam não conseguiriam

B. UM TEXTO NO QUAL OS AFLITOS SE REFUGIAM

1. A relação de versos mais conhecida no N.T.

2. Um texto para consolar e dar forças para continuar

3. Um texto favorito para tempos temerosos

C. O QUE TORNA ESSE TEXTO TÃO PRESTATIVO?

II. CORPO DO SERMÃO

A. AQUI HÁ CONFORTO (v. 1)

1. "Não se turbe o vosso coração"

2. O mundo está cheio de tribulação (João 16:33)

   a. Doença e sofrimento acontecem a todos

   b. A morte visita nossas famílias e aguarda a cada um de nós (Hebr. 9:27)

3. Nosso Senhor quer confortar aqueles que estão passando por tribulação

   a. "Consolai o meu povo" (Is. 40:1)

   b. O Deus de toda consolação (II Cor. 1:3-4)

4. Nossas tribulações não apanham Deus de surpresa

   a. Considere os discípulos na tempestade no Mar da Galileia (Mc. 4:35-41)

   b. Jesus está conosco nas tempestades da vida, dizendo: "Paz, aquieta-te" (Mc. 4:39)

B. AQUI HÁ UMA CONVOCAÇÃO PARA A FÉ (v. 1)

1. "Credes em Deus"

2. "Crer" é uma palavra transformadora de vida

   a. Crer é exercitar a fé

   b. Creia em Cristo e sê salvo (At. 16:31)

   c. Creia e tenha tuas orações respondidas (Mc. 9:23)

3. Crede também em mim"

   a. Crê que Jesus te ama

   b. Crê que Ele veio parta te redimir na cruz

   c. Crê nele e tenha certeza do céu

C. AQUI HÁ UMA PERGUNTA (v. 5)

1. "Como podemos saber o caminho?"

2. Tomé gostou do que ouviu, mas não entendeu

   a. Ele queria ir para o céu, mas não sabia como chegar lá

   b. Ele queria encontrar a fórmula para a vida eterna

3. Você pode ter a mesma pergunta de Tomé

D. AQUI HÁ UMA RESPOSTA (v. 6)

1. "Eu sou o caminho, a verdade e a vida"

2. Jesus não é aquele que mostra o caminho, mas aquele que É o caminho

3. Não há outro caminho ("ninguém vem ao Pai senão por mim")

III. CONCLUSÃO

A. JESUS TE SOCORRE ONDE VOCÊ ESTÁ

B. A FÉ EM CRISTO LEVARÁ VOCÊ ONDE ELE ESTÁ

TARDE DEMAIS

Apoc. 22:11-12

INTRODUÇÃO

A. FOI DITO A DANIEL PARA SELAR O LIVRO DA PROFECIA (12:4)

1. Foram-lhe dados discernimentos em relação ao futuro dos impérios

2. Ele conhecia o esboço das eras, mas certos detalhes estavam ocultos dele

3. O mundo não estaria pronto para entender esses detalhes até o tempo do fim

B. FOI DITO A JOÃO PARA REVELAR O LIVRO DA PROFECIA (Apoc. 22:10)

1. Detalhes desconhecidos aos profetas seriam esclarecidos por ele

2. Vivemos num tempo de cumprimento profético emocionante

3. Jesus está chegando e é tempo de preparar-se (Apoc. 22:7,12)

C. ALGUM DIA SERÁ TARDE DEMAIS

II. CORPO DO SERMÃO

A. MUITO TARDE PARA A SALVAÇÃO (v. 11)

1. "Quem é injusto faça injustiça ainda" (Todos somos injustos em princípio):

a. "Pois não há homem justo sobre a terra" (Ecles. 7:20)
b. "Não há justo, nem sequer um" (Rom. 3:10)
c. "Pois todos pecaram e separaram-se da glória de Deus (Rom. 3:23)

2. "Quem está sujo, suje-se ainda" (Somos todos sujos, na prática)

a. Mesmo nossas boas obras são apenas farrapos (Is. 64:6)
b. Quão trágico ser injusto e sujo eternamente

3. A salvação torna-nos justos e limpos (Rom. 5:1; I João 1:7)

4. Está chegando um dia quando será muito tarde ser salvo

B. MUITO TARDE PARA SATANÁS (v. 11)

1. "Quem é santo, santifique-se ainda" (v. 11)
   a. *Somos justificados pela fé em Cristo (Rom. 4:1-4)*
   b. *Somos justificados por aquilo que Cristo fez por nós (II Cor. 5:21)*
2. "Quem é santo, santifique-se ainda"
   a. *Aqueles que confiam em Cristo são tornados santos (I Pe. 2:9)*
   b. *Eles são apresentados santos perante o Senhor (Col. 1:22)*
3. Satanás tenta-nos e procura afastar-nos de um viver santo
4. Quando Cristo voltar, toda tentação será vencida
   a. *Estaremos eternamente além do alcance do nosso inimigo*
   b. *Estaremos com o Senhor eternamente, nunca seremos atacados novamente pelo inimigo*
5. Satanás finalmente estará no lago de fogo eternamente (Apoc. 20:10)

C. MUITO TARDE PARA O SERVIÇO (v. 12)

1. "Eis que cedo venho, e comigo está a recompensa"
2. Não haverá mais tempo para alcançar os queridos e vizinhos para Cristo
3. Não haverá mais tempo de obter recompensas pelo serviço para Cristo
   a. *Cristo voltará e distribuirá recompensas*
   b. *Este é o tempo de servir; algum dia será tarde demais*

III. CONCLUSÃO

A. VEM PARA CRISTO ANTES QUE SEJA TARDE DEMAIS

B. CONSAGRE TEU TUDO EM SERVIR CRISTO ANTES QUE SEJA TARDE DEMAIS .

1. Advirta teu mundo da brevidade do tempo antes que seja tarde demais
2. Invista tua vida em ganhar almas antes que seja tarde demais

AGRADECER O QUÊ?

Salmo 103:2

I. INTRODUÇÃO

A. O GRANDE CÂNTICO DE AÇÃO DE GRAÇAS DE DAVI

1. Ele motiva-se para agradecer pelas bençãos diárias
2. Ele lembra-se dos muitos benefícios dados por Deus

B. OS PEREGRINOS RELEMBRARAM OS BENEFÍCIOS DE DEUS

1. Eles chegaram dia 11 de novembro de 1620 na costa rochosa de Cape Cod
2. Vieram ao Novo Mundo procurar um lugar para cultuar em liberdade
3. Sofreram muitas privações no primeiro inverno, inclusive a morte de metade deles
4. Eles celebraram a primeira Ação de Graças a despeito de seus muitos problemas

C. PELO QUE DEVERÍAMOS SER AGRADECIDOS?

II. CORPO DO SERMÂO

A. DEVERÌAMOS SER GRATOS PELAS COISAS ESSENCIAIS DA VIDA (I Tim. 6:8)

1. Tendo alimento, deveria tornar-nos gratos
   - *a. Uma boa colheita tornou os Peregrinos agradecidos; contudo em outra ocasião tiveram pouco*
   - *b. Milhões de pessoas vão dormir famintos; ter o suficiente para comer é motivo de gratidão*
2. Tendo roupa adequada deveriam tornar-nos gratos
   - *a. O inverno surpreende muitas pessoas com frio e insuficientemente protegidos*
   - *b. Os que estão vestidos confortavelmente são uns poucos privilegiados*
3. Com quais outras coisas essenciais contamos?

4. Tomemos por base aquilo que temos, em vez de aquilo que queremos - e sejamos gratos por isso

B. DEVERÍAMOS AGRADECER POR TUDO NA VIDA (I Tess. 5:18)

1. Todas as coisas cooperam juntamente para o bem daqueles que amam a Deus (Rom. 8:28)

2. Nosso Pai amorável tem o mundo inteiro em suas mãos

a. Agradeça pela temperatura, seja qual for

b. Agradeça por suas promessas que socorrem-nos nas tempestades da vida

c. Agradeça porque conhecemos aquele que controla o futuro e podemos descansar na sua proteção

3. Agradeça porque há um propósito em nossas dificuldades

a. A tribulação ensina-nos a confiança paciente no Senhor (Rom. 5:3)

b. Os problemas, grandes e pequenos, têm a finalidade de tornar-nos mais semelhantes a Jesus (8:29)

4. Agradeçamos pela tribulação que não deparou-se conosco:

a. Deus livra-nos de muitos sofrimentos dos quais não temos consciência

b. Ele livra-nos da destruição (Salmo 103:4)

C. DEVERÍAMOS AGRADECER PELA VIDA ETERNA (II Cor. 9:15)

1. A graça de Deus deveria tornar-nos gratos

a. Somos todos pecadores, indignos da salvação (Rom. 3:10-23)

b. Merecemos apenas morte e inferno (6:23)

c. O dom da sua graça é vida eterna (Rom. 6:23; Ef. 2:8-9)

2. Nós que estávamos sem esperança, obtivemos certeza de que nunca pereceremos (João 3:16)

3. A certeza da vida eterna deveria tornar-nos gratos a cada dia (I João 5:12-13)

III. CONCLUSÃO

A. OS CRISTÃOS ESTARÃO NO CÉU AGRADECIDOS (Apoc.7:11)

B. COMECE ENSAIANDO O CÂNTICO CELESTIAL DE AÇÃO DE GRAÇAS

C. O CORAÇÃO GRATO FARÁ A TERRA MAIS CELESTIAL

AÇÃO DE GRAÇAS EM AÇÕES E TÍTULOS

Atos 16:23-24

I. INTRODUÇÃO

A. MUITAS PESSOAS INVESTEM EM AÇÕES E TÍTULOS

1. Elas investiram na esperança de lucro financeiro

2. O futuro delas se baseia em seus investimentos

3. O humor delas sobe e desce de acordo com as bolsas de valores

B. PAULO E SILAS FIZERAM INVESTIMENTOS MAIS ESTÁVEIS

1. Eles negociaram para seu Salvador

2. Investiram suas vidas no serviço dele esperando lucros eternos

3. Eles tinham ações e títulos numa prisão filipense

C. COMO ESSES PREGADORES PERSEGUIDOS PODIAM SER GRATOS?

II. CORPO DO SERMÃO

A. ELES FORAM GRATOS POR AQUILO QUE DEUS FEZ

1. "Pela meia-noite Paulo e Silas oravam e cantavam hinos" (v. 25)

a. Eles louvavam a Deus porque tinham sido salvos do pecado
b. Louvavam a Deus pelo plano possível de salvação

2. Como podiam louvar a Deus após terem sido açoitados por sua fé? (v. 23)

a. Lembraram que Cristo foi açoitado por eles
b. Ele foi ferido e esmagado, tal qual foi profetizado (Is. 53)

3. À semelhança de Jesus, eles foram presos por fazerem o bem

4. Tiveram a possibilidade de enfrentar a morte, mas lembraram que Jesus teve que enfrentar a cruz

5. A cela da prisão deles era escura, mas Jesus morreu por eles sobre Calvário atroz

B. ELES FORAM GRATOS POR AQUILO QUE DEUS ESTAVA FAZENDO

1. Eles sabiam que Deus estava operando em suas vidas (Filip. 1:6)
2. Eles sabiam que Deus os chamara para esse lugar (16:9)
3. Testemunharam conversões como resultado de ali estarem (v. 14)
4. Tinham visto a adivinhadora endemoninhada ser libertada (v. 18)
5. Eles puderam, então, agradecer, sabendo que estavam dentro da vontade de Deus
   - *a. Está você grato pelo lugar em que está?*
   - *b. Mesmo que esteja passando por tempos atribulados?*
6. Duas opções de mudança de vida:
   - *a. Podemos focalizar no que Deus está fazendo e sermos gratos*
   - *b. Podemos focalizar no que o diabo está fazendo e sermos miseráveis*

C. ELES ESTAVAM GRATOS PELO QUE DEUS ESTAVA PARA FAZER

1. Eles oravam e criavam
   - *a. Nós podemos orar e crer e receber*
   - *b. Podemos orar e duvidar e passar sem*
2. Deus recompensou sua oração e louvor em ações e títulos
   - *a. A terra tremeu, as portas da prisão foram abertas,e eles ficaram livres*
   - *b. Deus está por fazer grandes coisas por todos os crentes (Filip. 1:20-23; 3:2-21)*

III. CONCLUSÃO

A. COMO DOIS PREGADORES GRATOS TROUXERAM OUTROS A CRISTO

1. O carcereiro e sua família vieram para a fé em Cristo (v. 27-34)
2. Outros também creram e reuniram-se com Paulo e Silas para regozijarem-se (v. 40)

B. UM VIVER GRATO PODE CONDUZIR OUTROS À VIDA ETERNA

NOVAS COISAS PARA NATANAEL

João 1:43-51

INTRODUÇÃO

A. FAMILIARIZANDO-SE COM UM PERSONAGEM BÍBLICO POUCO CONHECIDO

1. Natanael está em contraste com Pedro, Tiago e João
2. Natanael tem muito em comum com a maioria de nós

B. O QUE ESTAVA ACONTECENDO?

1. Jesus estava começando seu ministério terreno
2. Ele estava escolhendo seus discípulos

C. O QUE CAUSOU A NOVA VIDA DE NATANAEL?

II. CORPO DO SERMÃO

A. UM SALVADOR QUE PROCURAVA (v. 43-44)

1. Jesus achou Filipe e disse: "Segue-me"
2. Nosso Senhor é um Salvador que procura
   - *a. Ele é como o semeador que foi semear a semente boa (Mat. 13:3)*
   - *b. Ele é como o pastor que foi procurar a ovelha perdida (Luc. 15:4-10)*
   - *c. Ele é como o pai do filho pródigo, que esperava pelo retorno do seu filho (Luc. 15:11-32)*
3. Essa é a parte do caráter de Cristo negligenciada na maioria das igrejas
   - *a. Temos feito Cristo parecer mais um terapeuta do que um Salvador*
   - *b. Temos feito Cristo parecer mais um policial do que um Salvador*
   - *c. Temos feito Cristo parecer mais uma solução para o sucesso do que um Salvador*
   - *d. Temos feito Cristo parecer mais um mestre motivador do que um Salvador*
4. Devemos retornar para a mensagem do Salvador que procura almas perdidas

B. AQUELE SALVO QUE PROCURAVA (v. 45-46)

1. "Filipe achou Natanael"
    a. *Filipe teve um interesse imediato nas almas*
    b. *Seguir a Cristo requer alcançar os perdidos*
2. O evangelismo é uma evidência de que a salvação é genuína
    a. *Os novos convertidos frequentemente ganham mais almas do que crentes antigos nas igrejas*
    b. *Seguir a Jesus resulta em trazer outros a Ele (Mat. 4:19)*
3. O equívoco de Filipe, contudo testemunho efetivo
    a. *Ele chamou Jesus de filho de José*
    b. *Muitas vezes o Senhor usa-nos a despeito de nossa ignorância quando nos importamos com as almas*
4. O gesto de Filipe de trazer Natanael a Jesus é um bom exemplo para todos

C. UM PECADOR SALVO (v. 46-49)

1. Natanael era cético: "Pode haver coisa boa vinda de Nazaré?"
    a. *O ceticismo é a primeira reação normal ao evangelho*
    b. *Como Filipe venceu o ceticismo de Natanael: "Vem e vê"*
    c. *Um pequeno testemunho vale mais do que muitos argumentos*
2. Natanael ficou surpreso: "Donde me conheces?"
    a. *Jesus chamou-o pelo nome; Ele conhece-nos antes de o conhecermos*
    b. *Jesus comentou com Natanael acerca dele; Ele sabe tudo acerca de nós*
3. Natanael ficou satisfeito: "Tu és o Filho de Deus"

III. CONCLUSÃO

A. COISAS GRANDES E NOVAS ESTAVAM ADIANTE PARA NATANAEL (v. 50-51)

B. RECEBENDO CRISTO COMO SALVADOR ACONTECERÃO COISAS NOVAS PARA VOCÊ

DESEJOS NOVOS PARA PESSOAS NOVAS

Ef. 2:13-15; At. 8:36; I Pe. 2:2; I. João 3:14

I. INTRODUÇÃO

A. A VIDA CRISTÃ COMEÇA COM UM NOVO NASCIMENTO

1. Ao religioso Nicodemos foi dito que ele precisava nascer de novo (João 3:3-7)

2. Esse novo nascimento resulta da fé em Cristo (João 3:16)

3. Uma nova vida é possível pela morte de Cristo na cruz
   - *a. Somos aproximados a Deus pelo sangue de Cristo (Ef. 2:13)*
   - *b. Confiar em Cristo como Salvador torna novas todas as coisas (Ef. 2:15; II Cor. 5:17)*

B. PESSOAS NOVAS TEM DESEJOS NOVOS

1. Coisas que outrora elas desejavam não mais prendem o interesse delas

2. O que desejam aqueles que nasceram de novo?

II. CORPO DO SERMÃO

A. ELES DESEJAM O BATISMO (At. 8:36)

1. Filipe levou a Cristo um etíope importante
   - *a. Ele ajudou-o a compreender que Isaías profetizou a cruz*
   - *b. Ele trouxe-o à fé naquele que morreu e ressuscitou por ele*

2. A pergunta do novo convertido: "O que impede que eu seja batizado?"

3. Todos os convertidos na igreja do N.T. foram batizados

4. O batismo identifica publicamente os crentes nascidos de novo com o Salvador
   - *a. O batismo proclama o evangelho para os espectadores*
   - *b. O batismo é obediência a Cristo (Mat. 28:18-20)*

5. O que impede você de ser batizado?

B. ELES DESEJAM A BÍBLIA (I Pe. 2:2)

1. "Desejai o puro leite espiritual"

   a. A Bíblia desempenha uma função vital no novo nascimento (1:23)

   b. A Bíblia contém as vitaminas da saúde espiritual

   c. A Bíblia causa crescimento ("a fim de por ele crescerdes")

2. O novo nascimento abre os olhos à verdade bíblica (I Cor. 2:14)

3. A Bíblia é o grande detergente de Deus que purifica nossas vidas

   a. "Como purificará o jovem o seu caminho?" (Salmo 119:9-11)

   b. "Vós já estais limpos pela palavra" (João 15:3)

   c. "Com a lavagem da água pela Palavra (Ef. 5:26)

4. Pessoas novas querem vidas vitoriosas

   a. Vencemos a tentação usando a Bíblia (Mat. 4:1-11)

   b. A Bíblia dá-nos vitória sobre poderes satânicos (Ef. 6:16-17)

C. ELES DESEJAM O CORPO DE CRISTO (I João 3:14)

1. "Amamos os irmãos"

2. Os cristãos primitivos mantinham comunhão fora do comum (At. 2:41-45)

3. "A comunhão fraternal unânime é como a descrita acima"

4. Somos todos membros do mesmo corpo (I Cor. 12:12-14)

5. Algo está errado quando cristãos professos não desejam relacionar-se com outros crentes

III. CONCLUSÃO

A. VOCÊ TEM CERTEZA DE QUE NASCEU DE NOVO?

B. OS DESEJOS BÍBLICOS DAS PESSOAS NASCIDAS DE NOVO ENCONTRAM-SE EM VOCÊ?

C. EXAMINAI-VOS A VÓS MESMOS SE PERMANECEIS NA FÉ (II Cor. 13:5)

O OUTRO MILAGRE DE NASCIMENTO

Luc. 1:5-13; 3:1-22; 7:18-28

INTRODUÇÃO

A. A CONTAGEM REGRESSIVA PARA O NATAL

B. A OUTRA CONTAGEM REGRESSIVA:

1. O mundo esperou o Salvador por séculos

2. Os profetas predisseram um nascimento milagroso:

a. O Salvador nasceria de uma virgem (Is. 7:14)

b. O Deus eterno adentraria no tempo em Belém (Miq. 5:2)

C. A PROFECIA DO OUTRO NASCIMENTO MILAGROSO

1. Alguém iria nascer e prepararia a vinda do Senhor (Is. 40)

2. João Batista não nasceu de uma virgem, mas seu nascimento foi um milagre (Luc. 1:5-13)

II. CORPO DO SERMÃO

A. OS PAIS DE JOÃO BATISTA (v. 5-13)

1. Zacarias e Isabel não tinham filhos e eram idosos

a. Zacarias era sacerdote durante o reinado de Herodes

b. Isabel era descendente de Arão

2. O anúncio aconteceu no templo

a. O anjo Gabriel visitou Zacarias enquanto ele estava servindo no templo

b. Deus vem ao nosso encontro quando estamos servindo; Satanás vem ao nosso encontro quando estamos ociosos

3. Zacarias ficou temeroso e teve dificuldade em crer na mensagem do anjo (v. 12)

4. O pai da "Voz" perdeu a voz por causa da sua incredulidade

5. João nasceu como o anjo Gabriel prometeu e foi cheio do Espírito Santo desde o nascimento

B. A PREGAÇÃO DE JOÃO BATISTA (3:1-22)

1. João veio preparar o caminho do Senhor (Is. 40:3-8)

2. Essa preparação significou a pregação de arrependimento (Luc. 3:3-9)

a. João ousadamente denunciou os pecados pelos nomes e confrontou o mal

b. Devemos enfrentar nossos pecados, ou não caminharemos em direção a Cristo para o perdão

3. João dirigiu-se a Cristo como aquele que tira o pecado, "o Cordeiro de Deus" (João 1:29)

4. João chamou Cristo de noivo (João 3:29)

5. João humilhou-se e exaltou a Cristo (Luc. 3:16)

6. A pregação franca de João custou sua liberdade (Luc. 3:17-20)

a. Ele advertiu seus ouvintes do julgamento vindouro

b. Ele não tinha favoritos, repreendeu até Herodes por imoralidade

C. O ELOGIO DE JOÃO BATISTA POR JESUS (7:18-28)

1. A pergunta surpreendente de João: "És tu aquele que deveria vir?"

a. Ele fez essa pergunta na prisão com sua vida em perigo

b. A depressão leva-nos a perguntas e conclusões absurdas

2. A resposta de edificação da fé de Nosso Senhor: os milagres de Jesus provam sua divindade (v. 22)

3. Jesus afirmou que João era mensageiro de Deus (v. 24-30)

a. Vance Havner escreve: Enquanto João humilhou-se, Jesus exaltou a João Batista"

b. "Não há profeta maior que João Batista"

III. CONCLUSÃO

A. A MENSAGEM DE JOÃO AINDA PREPARA O CAMINHO DO SENHOR

B. OUÇA O APELO DE JOÃO BATISTA: "ARREPENDEI-VOS"!

C. CONSIDERE O CONVITE DE JESUS: "VINDE A MIM... EU VOS ALIVIAREI"

NÃO TEMAS, JOSÉ

Mat. 1:18-25

I. INTRODUÇÃO

A. OS "NÃO TEMAS" DO NATAL

1. Um "não temas" para Zacarias (Luc. 1:13)
2. Um "não temas" para Maria (1:30)
3. Um "não temas" para os pastores (2:10)

B. JOSÉ PRECISOU DE UM "NÃO TEMAS"

1. Tudo estava indo tão bem para ele
   a. Ele firmou compromisso com a garota dos seus sonhos
   b. Eles estavam fazendo planos para seu futuro
2. Então ele descobriu que Maria estava grávida
3. De repente seu mundo desmoronou; ficou com medo do futuro

C. ALGUNS "NÃO TEMAS" PARA MOMENTOS QUANDO NOS SENTIMOS COMO JOSÉ

II. CORPO DO SERMÃO

A. UM "NÃO TEMAS" PARA MOMENTOS QUANDO TEMOS PERMITIDO A DEPRESSÃO (v. 18-20)

1. José concluiu que Maria tinha sido imoral
   a. Frequentemente chegamos a conclusões erradas acerca do que está acontecendo
   b. Não nos admira que Jesus advertiu contra julgar outros (Mat. 7:1)

2. Enquanto José estava preocupando-se, Deus estava elaborando um plano maravilhoso para sua vida

3. Maria não tinha sido imoral; era ela a virgem com um filho, profetizada (Is. 7:14)

4. O que José supôs ser pecaminoso era sagrado; ele não tinha todos os fatos

5. Devemos parar de nos preocupar com as falhas dos outros; Deus está no controle (Salmo 37:1-4)

B. UM "NÃO TEMAS" PARA MOMENTOS QUANDO NOS INDIGNAMOS ACERCA DA OPINIÃO PÚBLICA (v. 19)

1. José não queria expor Maria publicamente
   - *a. Ele não quis que Maria fosse destruída por seu suposto pecado*
   - *b. Ele temeu o que os outros fariam quando os fatos fossem conhecidos*
2. José deixou-se levar pela opinião pública, para orientar seu futuro
   - *a. Nossa responsabilidade é fazer o que Deus quer*
   - *b. O medo da opinião pública pode impedir-nos do melhor de Deus*
   - *c. "O receio do homem lhe arma laços" (Prov. 29:25)*

3. Aqueles que estão no centro da vontade de Deus não precisarão temer a reação pública

4. Você está receoso de se submeter a Cristo pelo medo do que os outros dirão ou farão?

C. UM "NÃO TEMAS" PARA TEMPOS DE ANGÚSTIA MENTAL (v. 20)

1. "E, projetando ele isso"
   - *a. Ele deve ter pensado nisso continuamente*
   - *b. Imagine o estado mental de José durante essa crise emocional*
2. A ansiedade de José era sem fundamento
   - *a. O que ele pensou que traria morte, trouxe livramento*
   - *b. O que ele pensou que arruinaria o seu nome, imortalizou-a*
   - *c. Ele pensou que as pessoas chamariam Maria de má; porém chamaram-na bem-aventurada*

3. Muitos dos nossos temores não têm fundamento; precisamos trocar nossos temores pela fé

III. CONCLUSÃO

A. VOCÊ PRECISA DE UM "NÃO TEMAS" HOJE?

B. DEUS SOCORRERÁ VOCÊ EM TEUS TEMORES COMO SOCORREU JOSÉ

C. LANCE TODAS AS TUAS ANSIEDADES SOBRE AQUELE QUE TEM CUIDADO DE VOCE (I Pe. 5:7)

PRESENTES DE NATAL AINDA POR VIR

Luc. 1:32-33; Is.9:6-7

I. INTRODUÇÃO

A. O NASCIMENTO DE CRISTO CUMPRIU MUITAS PROFECIAS

1. A convergência de profecias específicas quando Cristo nasceu
2. O nascimento virginal (Is. 7:14), o nascimento em Belém (Miq. 5:2) etc.

B. O ANJO GABRIEL TROUXE UMA MENSAGEM MARAVILHOSA PARA MARIA

1. Ela achou graça diante de Deus
2. Ela conceberia como uma virgem e geraria o Salvador
3. Seu filho seria grande e seria chamado Filho do Altíssimo

C. AS PROFECIAS NATALINAS CUMPRIDAS TÊM SIDO GRANDES PRESENTES PARA NÓS

D. QUE DIZER ACERCA DAS PROFECIAS NATALINAS AINDA NÃO CUMPRIDAS?

II. CORPO DO SERMÃO

A. CRISTO AINDA NÃO OCUPOU O TRONO DE DAVI (v. 32)

1. Cristo é chamado Filho de Deus, como prometido pelo anjo Gabriel
   - *a. Milhões de pessoas receberam o Filho de Deus pela fé e o acham verdadeiro*
   - *b. Recebendo-o como presente, produz certeza de salvação (I João 5:12-13)*
2. Porém, finalmente Cristo ocupará o trono de Davi
   - *a. Os profetas previram o cumprimento dessa profecia (Is. 11)*
   - *b. O anjo Gabriel fez essa promessa a Maria (v. 32)*
3. Os homens sábios vieram procurando o Rei dos judeus (Mat. 2:2)
4. João Batista veio anunciando a vinda do reino do céu
5. Até que Cristo esteja sobre o trono de Davi, permita-o estar no trono do teu coração

B. CRISTO AINDA NÃO ESTABELECEU SEU REINO TERRENO (Is. 9:6)

1. "E o governo estará sobre seus ombros"

2. Jesus ensinou seus discípulos a orar pela vinda do seu reino (Mat. 6:9-10)

3. Os discípulos vislumbravam pela frente para o estabelecimento do reino de Cristo (At. 1:6-7)

   a. *Eles ainda vislumbravam isso após a ressurreição*

   b. *Pedro pregou acerca do reino vindouro do Senhor (At. 3:19-21)*

4. Paulo escreveu a Timóteo concernente ao reino vindouro do Senhor (II Tim. 4:1)

5. João descreveu a chegada do Rei dos Reis ao reino (Apoc. 19:11-16)

   a. *Cristo reinará sobre as nações*

   b. *Os crentes reinarão com Ele (Apoc. 20:6)*

6. Que dádiva extraordinária será para o mundo!

C. CRISTO AINDA NÃO TROUXE JUSTIÇA PARA A TERRA (IS. 9:7)

1. "Para o estabelecer com julgamento e justiça"

2. Os anjos prometeram paz sobre a Terra (Luc. 2:14)

   a. *Aqueles que confiam em Cristo como Salvador encontram paz pessoal (Filip. 4:6-8)*

   b. *Porém guerras e erros acontecem por toda a Terra*

3. A Injustiça é comum a todas as nações. O que está errado? Quando isso mudará?

   a. *Cristo tem sido rejeitado como Salvador, Senhor e Rei*

   b. *Ele retornará e trará paz e justiça ao mundo*

III. CONCLUSÃO

A. AS PROMESSAS DOS PROFETAS E ANJOS SERÃO CUMPRIDAS

B. O REI ESTÁ CHEGANDO PARA TRAZER PAZ A ESTE MUNDO ATRIBULADO

C. CORAÇÕES ATRIBULADOS PODEM ENCONTRAR PAZ ATRAVÉS DA FÉ EM CRISTO HOJE

CEIA DO SENHOR NATALINA

Luc. 2:7; 22:19-20

INTRODUÇÃO

A. O NATAL E A CEIA DO SENHOR SÃO ACERCA DA DOAÇÃO

1. É tempo de doação

2. Deus é o grande doador

   a. O doador da vida (Gen. 2:7)

   b. O doador de todas as coisas boas (Tgo 1:17)

3. A Ceia do Senhor é acerca da maior doação de todas (João 3:16)

   a. Aqueles que receberam essa doação podem participar da Ceia do Senhor

   b. Eles assim o fazem lembrando a doação de Cristo para trazer salvação

B. O QUE CRISTO DOOU DE TÃO IMPORTANTE?

II. CORPO DO SERMÃO

A. CRISTO DEU SEU CORPO (2:7; 22:19)

1. "Isto é o meu corpo que é dado por vós"

2. Os profetas escreveram acerca de Deus assumindo um corpo:

   a. Ele nasceria de uma virgem (Is. 7:14)

   b. O Deus Eterno adentraria o tempo em Belém (Miq. 5:2)

   c. O Senhor onipresente iria limitar-se a um corpo

3. "E ela teve o seu filho primogênito"

4. Paulo denominou esse evento: Deus tornando-se homem (Filip. 2:5-7)

5. No Natal celebramos Cristo assumindo um corpo

6. Na Ceia do Senhor celebramos a doação do corpo de Cristo na cruz

B. CRISTO DEU SEU SANGUE (22:20)

1. "Este cálice é o novo pacto no meu sangue:

a. "Que é derramado por vós"

b. A primeira Ceia do Senhor anunciando o novo pacto

2. "Ela envolveu-o em faixas"

a. Essas eram as roupas dos bebês para os pobres

b. Essas eram também as roupas para os mortos

3. Essa criança nasceu para morrer

a. Maria deitou o bebê numa manjedoura

b. Foi um lugar apropriado para deitar o Cordeiro de Deus

c. Ele seria o sacrifício pelo pecado (Hebr. 10:4-10)

4. Pedro escreveu acerca do precioso sangue remidor de Cristo (I Pe. 1:19)

5. João escreveu acerca do sangue que purifica de todo o pecado (I João 1:7)

C. CRISTO DEU SEU MELHOR (22:20)

1. Ele sempre viveu em torno dos interesses do Pai

2. Quando tentado permaneceu firme e vitorioso

3. No sofrimento, Ele não se queixou nem ameaçou

4. Ao morrer permaneceu fiel e no controle até o final

III. CONCLUSÃO

A. AGORA É NOSSA VEZ DE DOAR

1. Que daremos para aquele que deu seu tudo?

2. Podemos dar nossos corações e nossas vidas para seu serviço (Rom. 12:1-2)

B. O QUE DAREMOS PARA O CRISTO DA MANJEDOURA E DA CRUZ?

A NOITE EM QUE OS PASTORES TORNARAM-SE MISSIONÁRIOS

Lucas 2:7-18

I. INTRODUÇÃO

A. A HORA DAS ERAS

1. A História esteve esperando pela hora do nascimento de Cristo
2. As palavras dos profetas estavam aguardando o cumprimento por séculos
3. Quando Maria gerou Jesus, a hora longamente esperada chegou

B. AS TESTEMUNHAS CONVOCADAS PARA CONFIRMAR ESSE SANTO EVENTO HISTÓRICO

1. Anjos foram enviados a uma encosta próxima para anunciar o nascimento de Cristo
2. Pastores foram convidados à manjedoura em Belém para ver o Salvador recém-nascido
3. Imagine estar com os pastores nessa noite de milagres

II. CORPO DO SERMÃO

A. A NOITE (v. 8)

1. O primeiro anúncio do nascimento de Cristo foi à noite
2. Quão apropriado que Cristo devesse nascer à noite!
   - *a. O mundo estava em trevas espirituais*
   - *b. Cristo nasceu para libertar as pessoas das trevas do pecado (Rom. 13:12-13)*
   - *c. O nascimento daquela noite julgaria os poderes das trevas (Ef. 6:12-18)*
3. O que aquela noite significou para os pastores até os anjos chegarem
   - *a. A noite era um tempo de labor e preocupação vigilante sobre suas ovelhas*
   - *b. A noite era o fim de um outro dia de ambições não alcançadas*
   - *c. A noite era um tempo de incerteza acerca do que podia acontecer enquanto dormiam*
4. Então um anúncio da salvação mudou tudo

B. A LUZ (v. 9)

1. Repentinamente, a encosta ficou iluminada com luz

a. A glória do Senhor os cercou de resplendor

b. As trevas em suas vidas estavam prestes a desaparecer

2. A Luz e o Senhor

a. As primeiras palavras da Criação foram: "Haja luz" (Gen. 1:3)

b. "O Senhor é a minha luz e a minha salvação" (Salmo 27:1)

c. "Nele estava a vida; e a vida era a luz dos homens" (João 1:4)

3. Aquele que estava na manjedoura diria: "Eu sou a luz do mundo" (João 8:12)

4. Cristo veio chamar-nos das trevas para sua maravilhosa luz" (I Pe. 2:9)

5. Os crentes são guiados para o céu, onde o Cordeiro é a luz (Apoc. 21:23)

C. O TEMOR DELES (v. 9-11)

1. "Eles encheram-se de grande temor"

2. A luz de Deus revela sua santidade e nossa pecaminosidade (Is. 6:1-8)

3. A mensagem angelical retirou seus temores

a. "Não temais, porquanto vos trago novas de grande alegria"

b. A mensagem era acerca de um Salvador, "que é Cristo, o Senhor"

4. A fé em Cristo remove nossos temores e nossos pecados

III. CONCLUSÃO

A. A FÉ FOI TRANSFORMADA EM VISÃO (15-17)

1. Os pastores foram a Belém e encontraram seu Salvador prometido

2. Após verem Jesus, tornaram-se os primeiros missionários, falando dele aos outros

B. O NATAL DEVERIA MOTIVAR-NOS A SER MISSIONÁRIOS TAMBÉM

ANJOS APÓS O NATAL

Mat. 2:11-13; 19-20

I. INTRODUÇÃO

A. A TENDÊNCIA DE INTERESSE EM ANJOS

1. É boa se a informação acerca dos anjos for apresentada conforme a Bíblia

2. É nociva se a informação acerca dos anjos não for bíblica

B. FATOS BÍBLICOS ACERCA DOS ANJOS

1. Eles são seres criados que não se casam nem se reproduzem (Marc. 12:25)

2. Os seres humanos não se tornam anjos na morte (Marc. 12:25)

3. São masculinos na aparência (At. 1:10)

4. Tinham nomes masculinos (destacando-se Gabriel e Miguel)

5. Eles eram mensageiros de Deus ministrando aos crentes (Hebr. 1:14)

C. ANJOS REPÓRTERES ATIVOS DO NASCIMENTO DE CRISTO

D. A OBRA DOS ANJOS APÓS O NATAL

II. CORPO DO SERMÃO

A. ELES FORAM PROTETORES (Mat. 2:12-13)

1. Herodes pediu aos homens sábios darem notícias ao encontrarem Jesus

   a. Ele queria destruir Jesus

   b. Os homens sábios foram avisados para retornarem por outro caminho

2. Um anjo disse a José para fugir para o Egito

   a. Este evento é o Êxodo ao contrário

   b. Esse evento aconteceu para cumprir as Escrituras

3. Os anjos protegem aqueles que confiam no Salvador, hoje

B. ELES ERAM DIRETORES (2:19-20)

1. Tendo Herodes morrido, Jesus estava livre para voltar

2. José deveria ser notificado

   a. Um anjo apareceu-lhe num sonho

   b. Essa situação foi similar ao anúncio a José de que o nascimento de Cristo estava próximo

3. Os anjos têm frequentemente direcionado os crentes que precisaram da direção de Deus

   a. Os anjos orientaram Ló para abandonar a condenada Sodoma (Gen. 19)

   b. Um anjo orientou Daniel com referência aos eventos proféticos próximos (Dan. 12)

4. O direcionamento dos anjos é sempre consistente com a Palavra de Deus

C. ELES ERAM ENCORAJADORES (Mat. 4:11)

1. Os anjos encorajaram Jesus para prosseguir no seu encontro com Satanás (Mat. 4)

   a. Sua tentação no deserto deixou-o esgotado e estressado

   b. Mesmo Jesus precisou encorajamento

2. Todos podemos fazer a obra dos anjos encorajando as pessoas que encontramos diariamente

D. ELES ERAM MENSAGEIROS (Mat. 28:2; At. 1:10-11)

1. Os anjos não foram convocados para o momento da cruz

2. Cristo poderia ter convocado doze legiões de anjos para livrá-lo

3. A responsabilidade deles foi anunciar a ressurreição de Cristo e retornar

4. Nós também devemos anunciar essas grandes notícias ao mundo (Mat. 28:18-20)

III. CONCLUSÃO

A. OS CRENTES COMPARTILHAM ALGUMAS DAS RESPONSABILIDADES DOS ANJOS

B. OS ANJOS COMPLETARAM SUAS TAREFAS. NÓS COMPLETAREMOS?

PORQUE O CRISTO DO NATAL DEVE RETORNAR

Luc. 1:67-79

I. INTRODUÇÃO

A. TODAS AS PROMESSAS DOS PROFETAS DEVEM SER CUMPRIDAS

1. Muitas profecias acerca de Jesus foram cumpridas em seu nascimento em Belém
2. Muitas profecias acerca de Jesus foram cumpridas em sua morte e ressurreição
3. Mas algumas profecias acerca de Jesus permanecem não cumpridas

B. TEMOS MUITAS PROMESSAS DE QUE CRISTO RETORNARÁ

1. A promessa de Jesus (João 14:3)
2. A promessa dos anjos (At. 1:10-11)
3. A promessa de Paulo (I Tess. 4:13-18)

C. POR QUE CRISTO DEVE RETORNAR?

II. CORPO DO SERMÃO

A. CRISTO DEVE RETORNAR PARA COMPLETAR SUA OBRA NAS NAÇÕES

1. As Escrituras referentes a sua obra nas nações deve ser cumprida
2. Os profetas escreveram acerca de sua obra redentora:
   a. Escreveram acerca de sua morte (Salmo 22; Is. 53)
   b. Escreveram acerca de sua ressurreição (Salmo 16:10-11)
3. Os profetas também escreveram acerca do seu reino vindouro
   a. Tais profecias têm a ver com Israel e outras nações
   b. Muitas dessas profecias acerca do seu reino não estão cumpridas
4. O sacerdote Zacarias profetizou a vitória sobre os inimigos de Israel (Luc. 1:70-74)
5. Cristo deve retornar para cumprir essas promessas a Israel e outras nações

B. CRISTO DEVE RETORNAR PARA COMPLETAR SUA OBRA NA NATUREZA

1. Cristo exerceu autoridade sobre a natureza durante seu ministério:
   a. Ele acalmou o mar violento (Mc. 4:39)
   b. Ele andou sobre a água (João 6:19)
   c. Ele montou um jumento indomado (Luc. 19:30)

2. Cristo exerceu autoridade sobre a natureza em sua morte:
   a. O sol escureceu (Mat. 27:45)
   b. Houve um grande terremoto (27:51)

3. Quando Cristo retornar para estabelecer seu reino, a terra será fértil (Is. 35:1)

4. Quando Cristo retornar o deserto florescerá como uma rosa (35:1)

C. CRISTO DEVE RETORNAR PARA COMPLETAR SUA OBRA NOS CRENTES NOVOS

1. Cristo começou a boa obra em nós no momento da conversão (Filip. 1:6)
   a. Somos feitos novas criaturas (II Cor. 5:17)
   b. O Espírito Santo efetiva sua residência em nós (I Cor. 6:19)
   c. Somos envolvidos no grande plano de Deus para nossas vidas (Rom. 8:28)

2. Ainda não somos o que deveríamos ser
   a. Somos apenas obras em crescimento
   b. Deus ainda não finalizou essa obra conosco

3. Quando Cristo retornar seremos semelhantes a Ele (I João 3:2)

III. CONCLUSÃO

A. O CRISTO DO NATAL ESTÁ RETORNANDO

B. ELE ESTÁ PREPARANDO-NOS PARA AQUELE GRANDE DIA

C. VOCÊ ESTÁ PRONTO PARA O RETORNO DE CRISTO?

DEZEMBRO

CELEBREMOS A SALVAÇÃO

I Pe. 1:10-12

I. INTRODUÇÃO

A. ACABAMOS DE CELEBRAR O NASCIMENTO DO SALVADOR

1. Temos dado atenção suficiente à salvação?

2. Não celebramos o nascimento de um filósofo, mas de um Salvador

3. Qualquer celebração do Salvador deve incluir a salvação da salvação

B. DEVEMOS RETORNAR AOS FUNDAMENTOS

1. Todos os homens são pecadores e precisam ser salvos (Rom. 3:10-23)

2. Jesus veio para salvar os pecadores (Luc. 19:10)

C. POR QUE CELEBRAR A SALVAÇÃO?

II. CORPO DO SERMÃO

A. CELEBREMOS PORQUE CRISTO CANCELOU O PASSADO

1. Que boas novas são essas ao final do ano!

   a. Os repórteres na televisão fazem uma retrospectiva do ano passado

   b. Os jornais publicam artigos extensos fazendo o mesmo

   c. E se tais eventos resumissem tua vida?

2. Há coisas que você gostaria de omitir do ano reprisado?

3. Quando vamos a Cristo o passado é perdoado

   a. Os pecados do passado são finalmente passados

   b. Todas as falhas do nosso passado são esquecidas

4. A salvação traz não apenas perdão, mas também justificativa

5. Submeta teus pecados aos apagadores passados: Salmo 103:3; Is. 1:16; I João 1:9.

B. CELEBREMOS PORQUE CRISTO ESTÁ CONOSCO NO PRESENTE

1. Os profetas admiraram-se da salvação pela graça
   a. Tiveram dificuldade em compreender tal amor
   b. Como podiam os transgressores das leis de Deus serem perdoados?
2. Os anjos queriam saber mais acerca da salvação pela graça
   a. A admirável graça de Deus deveria ter aumentado a alegria deles em anunciar o nascimento de Cristo
   b. Como poderiam esses pecadores serem incluídos na família de Deus?
   c. Como poderiam esses, outrora perdidos, serem participantes da natureza de Deus?
3. O Salvador nunca os abandonará (Hebr. 13:5-6)
4. Não enfrentaremos o ano novo sozinhos
5. Cristo está conosco agora mesmo

C. CELEBREMOS PORQUE O CRISTO ESTARÁ CONOSCO NO FUTURO

1. O melhor, porém, está por vir
2. O sofrimento presente não pode ser comparado com a glória do porvir (Rom. 8:18)
3. Cristo está conosco agora, e o céu está à frente
4. Nem mesmo a morte pode roubar nossa esperança do futuro (Filip. 1:20-23)
   a. John Wesley no fim da vida: "O melhor de tudo é que Deus está conosco"
   b. O futuro é tão brilhante como as promessas de Deus

III. CONCLUSÃO

A. TEMOS ESSA GRANDE SALVAÇÃO?

1. Encare a pergunta honestamente
2. Não decida por menos do que por uma salvação bíblica

B. QUANDO SOUBER QUE VOCÊ NASCEU DE NOVO... CELEBRE!

É DINAMITE

Rom. 1:14-16

I. INTRODUÇÃO

A. PAULO ESTAVA EM DÉBITO (v. 14)

1. Ele considerou-se em débito para com todos
   a. Para com os gregos e com os bárbaros
   b. Para com os sábios e para com os sem instrução
2. Ele estava em débito porque recebera o evangelho
3. Ele estava quitando seu débito pregando o evangelho

B. CRISTO ERA A FORÇA MOTRIZ NA VIDA DE PAULO (v. 15)

1. "Assim, quanto está em mim"- a nada detendo-se
2. Investiu toda sua energia para alcançar pessoas para Cristo

II. CORPO DO SERMÃO

A. PAULO NÃO SE ENVERGONHOU DO EVANGELHO (V. 16)

1. O que é o evangelho? (I Cor. 15:3-4)
   a. Cristo morreu por nossos pecados de acordo com as Escrituras
   b. Cristo foi sepultado e ressuscitou de acordo com as Escrituras
2. Não deveríamos nos envergonhar de compartilhar essa notícias boas
3. Há crentes demais envergonhados do evangelho
   a. Envergonhados de falar de Cristo e do seu amor aos outros
   b. Envergonhados de aproveitar as oportunidades para testemunhar
4. Voce tem vergonha de compartilhar tua fé com as pessoas perdidas?
5. Como podemos nos envergonhar de Jesus sendo que Ele suportou nossa vergonha na cruz?

B. PAULO ESTAVA ADMIRADO COM O PODER DO EVANGELHO (v. 16)

1. "É o poder de Deus para a salvação"

2. O que o evangelho realiza:

   a. Salva almas da morte (Rom. 6:23)

   b. Oferece esperança aos pecadores perdidos

   c. Quando é recebido produz o novo nascimento

   d. Torna novas todas as coisas nos crentes (Cor. 5:17)

   e. Quando a sabedoria falha, o evangelho produz efeito (I Cor. 1:18)

3. O evangelho é a dinamite de Deus, transforma vidas e traz vida eterna

C. PAULO ESTAVA ATÔNITO COM A DISPONIBILIDADE DO EVANGELHO (v. 16)

1. Paulo era um judeu e pensava que a salvação devia ser somente para judeus

   a. Ele estivera orgulhoso de sua herança (Filip. 3:1-14)

   b. Ele fora um perseguidor de cristãos (At. 9:1-9)

   c. Considerou-se o principal dos pecadores (I Tim. 1:15)

   d. Contudo, descobriu que a mensagem do evangelho podia salvá-lo

2. Agora ele sabia que o evangelho era para todas as pessoas

   a. Para judeus e não judeus; para ricos e pobres (Rom. 10:9-13)

   b. Para os arruinados e os incluídos e os excluídos (Hebr. 7:25)

3. Paulo estava emocionado com os "todos aqueles" do convite evangélico

III. CONCLUSÃO

A. UM APELO A TODOS OS QUE PRECISAM ACEITAR O EVANGELHO

B. UM APELO PARA AQUELES QUE SE ENVERGONHARAM DO EVANGELHO

C. UM APELO A TODOS OS CRENTES PARA COMPARTILHAR O EVANGELHO

PAREMOS DE CONTRADIZER A DEUS

Ef. 6:1-3; Jer. 31:3; Luc. 1:37; I Cor. 10:13.

I. INTRODUÇÃO

A. ALGUMAS VEZES OS FILHOS CONTRADIZEM OS PAIS

1. Esse é um acontecimento angustiante comum
2. A contradição é rebelião e uma ofensa a Deus

B. MUITOS CRENTES CONTRADIZEM SEU PAI CELESTIAL

1. Nosso Pai celestial sempre fala a verdade
2. Contradizer a Deus é rebelar-se contra a verdade

C. EXAMINAREMOS ALGUNS EXEMPLOS DE CONTRADIÇÃO A DEUS

II. CORPO DO SERMÃO

A. "DEUS NÃO ME AMA" (Jer. 31:3)

1. "Pois que com amor eterno te amei"
2. O evangelho declara o amor de Deus por todos
   - *a. O nascimento de Cristo na manjedoura em Belém prova o amor de Deus*
   - *b. Os milagres compassivos de Cristo provam seu amor (João 11:35-44)*
   - *c. Os sofrimentos de Cristo na cruz provam o amor de Deus (Is. 53)*
   - *d. O perdão de Cristo prova o amor de Deus (Luc. 23:34)*
   - *e. A morte de Cristo pelos pecadores prova o amor de Deus (João 15:13)*
   - *f. A ressurreição de Cristo como prometido prova o amor de Deus (João 10:15-18)*
3. O amor de Deus é observado em sua Criação
4. O amor de Deus é visto no seu plano de redenção
5. Como pode alguém duvidar do amor de Deus?

B. "É IMPOSSÍVEL" (Luc. 1:37)

1. "Porque para Deus nada será impossível"

2. A promessa do anjo Gabriel a Maria tem sido sempre verdadeira

3. Israel duvidou do poder de Deus junto ao Mar Vermelho (Ex. 14)

a. Os exércitos de Faraó estavam atrás deles e aproximavam-se rápidos

b. O Mar Vermelho estava diante deles, e eles não tinham barcos

c. Deus prometeu passagem segura, mas pareceu impossível (14:14)

d. O Mar Vermelho abriu-se e Israel atravessou sobre a terra seca

4. Os discípulos duvidaram numa tempestade violenta sobre o Mar da Galileia

a. Ventos e ondas altas ameaçaram ceifar suas vidas

b. O barco estava se enchendo de água e prestes a afundar

c. "Não se te dá que pereçamos?", os discípulos perguntaram (Mc. 4:38)

d. Jesus levantou-se e repreendeu o mar, e houve uma grande calma

5. Oramos frequentemente pensando que Deus não pode vir ao nosso encontro em tempos difíceis

6. Paremos de duvidar e contradizer e comecemos a crer

C. "NÃO POSSO VENCER ESTA TENTAÇÃO" (I COR. 10:13)

1. Deus limita nossas tentações ao que é comum ao ser humano

2. Deus é fiel a seus filhos tentados

3. Deus limita nossas tentações ao que podemos resistir

4. Deus é fiel e provê uma saída de cada tentação

III. CONCLUSÃO

A. DEVEMOS PARAR DE SER DESOBEDIENTES AO NOSSO PAI CELESTIAL

B. DEVEMOS PARAR DE CONTRADIZER DEUS E COMEÇAR A CONFIAR NELE

UMA PROMESSA PARA TODAS AS OCASIÕES

Rom. 8:28

I. INTRODUÇÃO

A. UM TEXTO QUE VEM AO ENCONTRO DA OCASIÃO EM QUE VIVEMOS

1. Uma promessa que reergue as esperanças das pessoas aflitas
2. Uma garantia de que Deus tem um plano para cada um de seus filhos

B. NÃO É UMA PROMESSA FÁCIL PARA LEMBRAR NOS TEMPOS DIFÍCEIS

1. Podemos ser vencidos pelas dificuldades
2. Podemos pensar que Deus nos esqueceu
3. Podemos pensar que nossas vidas estão fora de controle

C. UMA PROMESSA EM QUE PELA FÉ PODEMOS PEDIR E ENCONTRAR PAZ

II. CORPO DO SERMÃO

A. UMA PROMESSA QUE TRAZ CERTEZA

1. "E sabemos"
2. Deus quer trocar nossa incerteza pela fé
3. A incerteza do incrédulo:
   a. Não sabe porque está aqui
   b. Não sabe como a vida começa
   c. Não sabe qual é o sentido da vida
   d. Não sabe onde estará após a morte
4. A fé em Cristo transforma a incerteza em certeza
5. "Eu sei em quem tenho crido" (II Tim. 1:12)
6. "Essas coisas são escritas para que possais saber" (I João 5:13)

B. UMA PROMESSA ACERCA DE TODAS AS EXPERIÊNCIAS DA VIDA

1. "Todas as coisas cooperam para o bem"
2. Algumas experiências são difíceis de suportar
   - *a. Experimentamos coisas que nos abalam ou abatem-nos*
   - *b. Experimentamos coisas que não podemos compreender*
3. Como Deus extrai o bem das circunstâncias difíceis:
   - *a. Moisés: um fugitivo que tornou-se um libertador*
   - *b. José: seus irmãos venderam-no, mas foi Deus quem o enviou*
   - *c. Margaret Clarkson: viveu em sofrimento, mas abençoou muitos*
   - *d. Annie Johnson Flint: ficou paralítica, mas fez poesias ao Senhor*
   - *e. Fanny Crosby: ficou cega, mas seus cânticos ministram a milhões*

C. UMA PROMESSA ACERCA DE UM PLANO MARAVILHOSO PARA OS CRENTES

1. "Daqueles que amam a Deus"
2. Isso começa com o amor de Deus por nós (Rom. 5:8)
   - *a. Respondemos a esse amor pela fé em Cristo*
   - *b. "Nós o amamos porque Ele nos amou primeiro" (I João 4:19)*
3. Deus elabora seu plano para seus filhos
   - *a. Ele extrai o bem das experiências ruins*
   - *b. Ele recompensa os sofredores além de suas expectativas*

III. CONCLUSÃO

A. VOCÊ ESTÁ SOFRENDO? ABATIDO? DEPRIMIDO?

B. DESCANSE NA PROMESSA DE DEUS PARA TODAS AS OCASIÕES

1. George Burns declara: "Os santos sofredores vivem e se movem no coração de uma associação divina de amor"

POR QUE SENTIR-SE CULPADO?

Salmo 32:3-5

INTRODUÇÃO

A. A DESCRIÇÃO DOS SENTIMENTOS CULPADOS DE DAVI

1. Ele sente-se miserável e infeliz o dia todo
2. Pode você identificar-se com o rei culpado?

B. O QUE É CULPA?

1. "Culpa é o fato ou condição de ter cometido uma ofensa, especialmente uma violação intencional de um código moral ou legal" (Grande Dicionário Enciclopédico The Reader's Digest)
2. Essa violação intencional de integridade moral traz sentimentos profundos de remorsos

C. POR QUE VOCÊ SENTE-SE CULPADO E O QUE FAZER ACERCA DISSO?

II. CORPO DO SERMÃO

A. VOCÊ PODE SENTIR-SE CULPADO PORQUE VOCÊ É CULPADO

1. Davi sentiu-se culpado devido a seus pecados (v. 3-4)
2. Admitamos que somos culpados perante Deus (Rom. 3:10-25)
3. Como Belsazar, temos sido pesados e achados em falta (Dan. 5:27)
4. Sentimentos de culpa podem ter um efeito positivo:
   a. São como os sinais de advertência do câncer
   b. São como dores que advertem de um problema sério
   c. Podem provir de uma consciência enfraquecida
   d. Podem ser resultado da convicção do Espírito Santo
5. Agradeça a Deus pelos sentimentos de culpa se esses levam você a Ele

B. VOCÊ PODE SENTIR-SE CULPADO POR NÃO TER SIDO PERDOADO

1. Como Davi sentiu-se antes de confessar seus pecados e receber perdão (v. 3-4)

a. Sentiu-se mais velho do que sua idade

b. Sentiu-se como se Deus estivesse contra ele

c. Sentiu-se como se estivesse num deserto espiritual

2. O perdão estava disponível para Davi, mas ele não o aceitou

a. O convite do Senhor para ser perdoado (Is. 1:16)

b. O pagamento do Senhor pelos nossos pecados (Is . 53:5-6)

c. A garantia do Senhor para o perdão (Hebr. 7:25-28)

d. A celebração celestial do perdão (Apoc. 5:9-10)

3. Nosso perdão depende da aceitação da graça de Deus oferecida aos pecadores

4. Mesmo a graça não impõe o perdão sobre nós

C. VOCÊ PODE SER LIBERTADO DA CULPA ACEITANDO O PERDÃO

1. Davi finalmente procurou e achou perdão (v. 5)

a. Leia e identifique-se com a confissão de culpa do rei (Salmo 51)

b. A confissão de pecados de Davi assegura-nos que todos os pecados confessados são pecados perdoados

c. "...tu perdoaste a culpa do meu pecado" (v. 5)

d. Isso sempre será verdade (I João 1:9)

III. CONCLUSÃO

A. POR QUE PERMANECER UM PRISIONEIRO DE PECADOS PASSADOS?

B. TRAGA TEUS PECADOS PARA QUEM MORREU PELOS PECADORES

C. VOCÊ NUNCA MAIS PRECISA SENTIR-SE CULPADO

QUEIMA DE LIVROS

Atos 19:18-20

I. INTRODUÇÃO

A. ÉFESO: A TERCEIRA CAPITAL DO CRISTIANISMO

1. Jerusalém... Antioquia... Éfeso
2. Uma grande cidade, notável por sediar o templo de Diana
   a. O edifício mais imponente na Ásia Menor
   b. Um centro de bruxaria e superstição

B. O PODEROSO MINISTÉRIO DE PAULO EM ÉFESO

1. Sua estada mais longa em alguma cidade – dois anos – foi em Éfeso

2. Investiu três meses ministrando na Sinagoga, depois na igreja organizada

3. Os resultados foram milagres, vidas transformadas e muitos novos convertidos

C. POR QUE ESSES NOVOS CONVERTIDOS QUEIMARAM SEUS LIVROS?

II. CORPO DO SERMÃO

A. A QUEIMA DE LIVROS REVELOU SUA FÉ PESSOAL EM CRISTO (v. 18)

1. Muitos efésios creram e confessaram abertamente sua fé
2. Aqueles que tinham se envolvido na bruxaria queimaram seus livros
3. Tais livros tinham significado muito para eles antes de sua conversão
   a. Consideravam esses livros fontes sagradas de orientação
   b. Voltaram-se para os mesmos durante seus tempos de aflição
   c. Consideraram-nos como manuais de astrologia e física

4. Agora estes crentes procurariam Cristo para orientação

5. Quiseram queimar suas pontes atrás deles, dependendo completamente de Jesus

B. A QUEIMA DE LIVROS TORNOU-SE SEU TESTEMUNHO PÚBLICO POR CRISTO (v. 19)

1. Eles queimaram seus livros "na presença de todos"
2. A queima de livros pública testificou de sua fé em Cristo
    a. As chamas subindo declararam: "Confiamos em Jesus"
    b. Algumas pessoas esquivam-se da identificação pública com Cristo
    c. Algumas pessoas querem as bênçãos da salvação, mas não o seu opróbrio
    d. Algumas pessoas escondem sua luz, em vez de permitir que ela brilhe nas trevas
3. Algumas pessoas se recusam ser batizadas e evitam fazer parte da membresia da igreja
4. Cristo foi batizado e crucificado publicamente
5. Devemos aproveitar oportunidades para testemunhar ousadamente de Jesus

C. A QUEIMA DE LIVROS REVELOU O VALOR QUE ELES COLOCARAM EM JESUS (v. 19)

1. "Calcularam o valor dos livros"
    a. Esses livros foram avaliados em cinquenta mil moedas de prata
    b. Judas traiu Jesus por trinta peças de prata
    c. Qual é o teu preço?
2. Tais livros queimados revelam que amavam Jesus mais do que suas posses
3. Queriam que todos soubessem que Jesus tornou-se prioridade em suas vidas
    a. Eles estavam comprometidos completamente com Ele
    b. Ele tornou-se prioridade a qualquer preço

III. CONCLUSÃO

A. CONSIDERE O CUSTO DA CRUZ DO CALVÁRIO

B.COMO VOCÊ RESPONDERÁ A TAL AMOR?

C. O QUE IMPEDE VOCÊ DE SUBMETER TUDO A CRISTO?

POR TODOS OS MEIOS

I Cor. 9:22

I. INTRODUÇÃO

A. A MISSÃO DA IGREJA É MISSÕES

1. Precisamos estar motivados acerca de missões
2. Precisamos renovar nossa visão missionária
3. Precisamos aumentar nosso zelo e envolvimento missionários

B. PAULO FOI O MAIOR MISSIONÁRIO DA HISTÓRIA

1. O objetivo de Paulo na obra missionária foi salvar alguns
2. Paulo estava desejoso de identificar-se com todos para atingir seu objetivo
3. Paulo usou todos os meios de testemunhar à sua disposição e nós também devemos

II. CORPO DO SERMÃO

A. O QUE "POR TODOS OS MEIOS" SIGNIFICOU PARA PAULO?

1. Significou pregar em lugares públicos:
   a. Nas sinagogas e praças públicas
   b. Em contextos amigáveis e hostis
2. Significou testemunhar ousadamente para indivíduos:
   a. Para os reclusos na prisão e para o carcereiro filipense (At. 16:25-34)
   b. A Felix, o juiz que quis uma ocasião mais conveniente (At. 24:25)
   c. Ao rei Agripa, quem foi quase persuadido, mas ficou perdido (At. 26:28)
3. A maioria de nós é tímida demais para usar todos os meios disponíveis de testemunhar
   a. Somos vagarosos para identificar-nos com as pessoas que são diferentes de nós
   b. Derrubemos todas as barreiras para salvar alguns

B. O QUE "POR TODOS OS MEIOS" SIGNIFICA PARA TEU PASTOR E MISSIONÁRIOS?

1. Significa fazer obra missionária durante o tempo todo

2. Significa estar consciente das necessidades presentes e eternas das pessoas perdidas

3. Significa ver as pessoas como Deus as vê

4. Significa semear continuamente

   a. Distribuir folhetos e contar acerca de Cristo publicamente

   b. Vigiando por e aproveitando oportunidades especiais para contar acerca do amor de Deus

   c. Estar alerta para sinais quando as pessoas estão sofrendo e receptivas para receber um testemunho

5. Significa colher toda vez que for possível:

   a. Apresentando o evangelho em amor

   b. Sendo sensível à obra do Espírito Santo

   c. Levando pessoas a Cristo

C. O QUE SIGNIFICA "POR TODOS OS MEIOS" PARA VOCÊ?

1. O que você está fazendo para impedir que pecadores vão para o inferno?

2. Voce está envolvido em testemunhar por algum meio?

3. Aos domingos você apenas senta-se e se banqueteia, ou está procurando as almas perdidas?

4. Você distribui folhetos publicamente? Compartilha teu testemunho?

5. Você ora por almas salvas como resultado do teu testemunho?

6. Quanto tempo fez que você convidou uma pessoa perdida para a igreja?

III. CONCLUSÃO

A. TODOS NÓS ENCONTRAMOS PESSOAS PERDIDAS DIARIAMENTE

B. ESTAMOS BASTANTE INTERESSADOS EM USAR DE TODOS OS MEIOS PARA ALCANÇÁ-LAS?

C. QUE MEIOS VOCÊ USARÁ PARA FALAR DE JESUS A ALGUNS HOJE?

POR QUE SALVAR ALGUNS?

I Cor. 9:22; Rom. 3:23-25; Mat. 11:28-30

INTRODUÇÃO

A. A BASE BÍBLICA PARA MISSÕES

1. "Portanto, vão e façam discípulos em todas as nações" (Mat. 28:18-20)

2. "Vão por todo o mundo e pregai o evangelho a cada criatura" (Mc. 16:15)

3. "Vós sereis minhas testemunhas" (At. 1:8)

B. O PROPÓSITO DE MISSÕES: SALVAR ALGUNS

1. Paulo tornou-se tudo para todos para salvar alguns
2. Paulo usou de todos os meios para salvar alguns
3. O objetivo de Paulo e de toda obra missionária: salvar alguns
4. Objetivos sociais de alimentação e vestuário devem existir para salvar alguns
5. Objetivos sociais de habitação e educação objetivam salvar alguns

C. POR QUE É TÃO IMPORTANTE SALVAR ALGUNS?

II. CORPO DO SERMÃO

A. O PROBLEMA DO PECADO (Rom. 3:23)

1. "Pecado" é a palavra que mais gostaríamos de evitar

2. O pecado é o problema mais comum a todas as pessoas

3. O pecado é a causa de outros problemas graves: tristeza, sofrimento e morte

   a. A causa maior do remorso
   b. A causa de todos os crimes
   c. A razão fundamental da dor emocional e física

4. Não existe remédio para o pecado fora do evangelho (At. 4:12)

B. O PLANO DE REDENÇÃO (Rom. 3:24-25)

1. O plano de redenção de Deus foi anunciado no Éden (Gen. 3:15)

2. Jó falou do seu redentor enquanto sofria num poço de cinza (Jó 19:25)

3. Isaías profetizou a redenção sem custo (para o pecador) (52:3)

4. Isaías apresentou o redentor ferido (Is. 53)

5. Pedro descreveu a redenção através do sangue precioso (I Pe. 1:18-20)

6. A cruz não foi um projeto posterior de Deus

a. O Salvador sofredor de Davi (Salmo 22)

b. O Cordeiro que foi morto desde a fundação do mundo (Apoc. 13:8)

7. Cristo crucificado e ressurreto resolve nosso problema do pecado (Hebr. 7:27)

8. Como podemos negligenciar nossa parte em compartilhar a mensagem de redenção?

a. Deus deu tanto – seu Filho

b. Devemos dar nossa parte em salvar alguns

C. O CONVITE DE CRISTO (Mat. 11:28-30)

1. Jesus convidava continuamente pecadores a vir a Ele e ser salvos:

a. O rico, mas perdido, Zaqueu em cima de um sicômoro (Luc. 19:1-10)

b. A mulher infeliz junto ao poço (João 4)

c. O convite do Senhor para todos serem salvos (João 6:37)

2. Cristo ainda está insistindo no convite aos pecadores

3. A obra missionária é insistir com os pecadores, da parte de Cristo (II Cor. 5:20-21)

III. CONCLUSÃO

A. ESTAMOS REALMENTE QUERENDO NOS TORNAR TUDO PARA TODOS?

B. ESTAMOS REALMENTE QUERENDO USAR DE TODOS OS MEIOS PARA SALVAR ALGUNS?

EU SUBMETO TUDO

Rom. 12:1-2

I. INTRODUÇÃO

A. UMA PALAVRA ATUAL MAL COMPREENDIDA: COMPROMISSO

1. Falta de compromisso no casamento: lares desfeitos
2. Falta de compromisso na igreja: cristão apenas no domingo pela manhã
3. Falta de compromisso no evangelismo: poucos crentes testemunhando

B. A CONVOCAÇÃO DE PAULO PARA SUBMETER TUDO

1. Submeta teu corpo
2. Submeta tua mente
3. Submeta tua vontade

II. CORPO DO SERMÃO

A. UMA CONVOCAÇÃO PARA SUBMETER TEU CORPO (v. 10)

1. O fervor da convocação de Paulo
   a. "Rogo-vos, pois, irmãos"
   b. West: "Suplico a vocês, por favor"
2. As razões da convocação fervorosa de Paulo:
   a. "Pois" refere-se a tudo que a precede
   b. A convocação é para os crentes: "irmãos"
   c. É com base nas misericórdias de Deus: amor, graça e salvação
3. "Apresenteis vossos corpos em sacrifício vivo"
4. West: "o corpo físico do crente colocado à disposição de Deus é santo"
5. "Vosso culto racional", a coisa inteligente a fazer

B. UMA CONVOCAÇÃO PARA SUBMETER TUA MENTE (v. 2)

1. "Transformai-vos pela renovação da vossa mente"
2. Há tanta concorrência hoje para nossas mentes:
   - *a. Tanto para ler: livros, periódicos etc.*
   - *b. Tanto para ver: televisão, vídeos e computadores*
   - *c. Tanto para aprender: a profecia de Daniel da explosão de conhecimento*
3. Como renovamos nossas mentes?
   - *a. Desligando a informação negativa*
   - *b. Separando tempo para ficar quieto diante de Deus*
   - *c. Desenvolvendo uma vida devocional consistente*
   - *d. Enfatizando as promessas bíblicas e regozijando-se nelas*
   - *e. Participando regularmente na igreja para que o ensino bíblico traga crescimento espiritual*

C. UMA CONVOCAÇÃO PARA SUBMETER TUA VONTADE

1. "A boa, a agradável e perfeita vontade de Deus"
2. Nossas vontades obstinadas suplicam satisfação no mundo (I João 2:15-17)
   - *a. Inclinam-se para os prazeres (a cobiça da carne)*
   - *b. Inclinam-se para as posses (a cobiça dos olhos)*
   - *c. Inclinam-se para a autoexaltação (a soberba da vida)*
3. O mundo e suas cobiças são transitórios
4. A satisfação acontece quando a vontade está submissa a Deus

III. CONCLUSÃO

A. QUÃO FIRME É TEU COMPROMISSO COM CRISTO?

B. VOCÊ QUER SUBMETER TUDO A ELE?

ÍNDICE BÍBLICO